Vajrasattva

Seigneur Bouddha

Sakya Pandita

Sa Sainteté Sakya Trizin
41ème Patriarche de la Tradition Sakyapa

L'éclosion du Lotus

LÉGENDES DES PHOTOS
4 premières pages (couleur)

Vajrasattva

Seigneur Bouddha

Sakya Pandita

Sa Sainteté Sakya Trizin
41ème Patriarche de la Tradition Sakyapa

8 pages intermédiaires

page I   *L'arbre de refuge de la lignée du Lam Dré*

page II   *L'offrande du mandala*

page III

Sakya Tsechen Ling
Institut Européen de Bouddhisme Tibétain
Strasbourg/Kuttolsheim

page IV   *La roue de la vie*

page V

Sa Sainteté Sakya Dagchen Ngawang Thoutob Wangchouk (ST 40),
Gourou de l'auteur, le Vénérable Lama Shérab Gyaltsen Amipa

page VI

L'auteur (à gauche) lors d'une visite à Sa Sainteté le XIVème Dalaï Lama
à Dharamsala en 1967, avant son départ de l'Inde pour la Suisse

page VII

Sa Sainteté Sakya Trizin pendant sa visite au monastère
de Rikon en Suisse auprès de l'auteur — avril 1989

page VIII

L'auteur en compagnie de Sa Sainteté le XIVème Dalaï Lama
lors de sa deuxième visite à Sakya Tsechen Ling en France — juin 1988

L'éclosion du Lotus

Le développement de la clarté et de la compassion

Lama Shérab Gyaltsen Amipa

Traduction française
d'après
Georges Driessens

Arkhana Vox Editeur

Titre original :
THE OPENING OF THE LOTUS :
Developing Clarity and Kindness

© Ven. Sherab Gyaltsen Amipa
Tibetan Institute, 1976

© ARKHANA VOX, 1991
pour tous les pays de langue française

Couverture :
Manjushri entouré des sept fondateurs de la tradition Sakya

Maquette de couverture :
Claude Godefroy

Table des matières

Avant-propos de Sa Sainteté Sakya Trizin 10
Préface 12
Introduction : le Bouddhisme au Tibet 14

Premiere Partie

L'entraînement spirituel

Introduction 19
1. Les pratiques préliminaires 20
   ◊ Le précieux corps humain
   ◊ L'impermanence
   ◊ Le karma
2. La méditation sur bodhicitta 22
   ◊ Bodhicitta relatif
   ◊ Bodhicitta ultime
3. La transformation des obstacles
   en une voie vers la libération 27
4. Les signes d'évolution 29
5. Les conseils relatifs à la pratique 30

Deuxieme Partie

La clé pour une profonde compréhension

1. Les sources 39
2. Explications réunissant les quatre thèmes
   de la tradition du Gourou Serlingpa
   et les pratiques des disciples
   de faible et moyenne capacité 45
   ◊ La difficulté d'obtenir une existence humaine
      pleinement qualifiée
   ◊ La méditation sur l'impermanence et la mort
   ◊ La méditation sur le karma, loi des causes et des effets
   ◊ Le renoncement à l'attachement au samsara
3. Le pratiquant de suprême aspiration 49
   ◊ L'abandon de l'attachement à soi-même
      — L'amour
      — La compassion
      — Bodhicitta
         Bodhicitta relatif
         Bodhicitta d'égalité entre soi et autrui
         Bodhicitta d'échange de soi pour autrui
   ◊ L'abandon de l'attachement aux quatre limitations
4. La méditation sur
   le précieux corps humain 56
   ◊ Les huit libertés
   ◊ Les dix attributs
5. La roue de la vie 59
6. Les actions 63
7. L'amour 65
8. La compassion 68
9. Bodhicitta 69
10. Shamatha et vipashyana 75
    ◊ Shamatha
    ◊ Vipashyana
    ◊ L'union de shamatha et de vipashyana

11. Les six paramita 83
   ◊ Le paramita de générosité
   ◊ Le paramita d'éthique
   ◊ Le paramita de patience
   ◊ Le paramita de persévérance
   ◊ Le paramita de méditation
   ◊ Le paramita de sagesse
12. Les cinq sentiers et les dix terres 89

Troisieme Partie

Les préliminaires extraordinaires

Introduction 97
1. La prise de refuge 98
   ◊ Introduction
   ◊ Note sur la prise de refuge
   ◊ Exposé de la prise de refuge
      — La cause
      — L'objet
      — La durée
      — La manière
      — Les bienfaits
      — Les instructions
      — La signification
      — Les différences et leurs distinctions
   ◊ Le rite du refuge
   ◊ Bodhicitta
   ◊ La prière de dédicace
   ◊ Explications sur le rite de refuge
   ◊ Explications sur la production de bodhicitta et la prière de dédicace

2. Les prosternations 112
   ◊ Introduction
   ◊ Explications
   ◊ La manière de se prosterner
   ◊ Dédicace

3. L'offrande du mandala 117
  ◊ Explications pour accomplir l'offrande du mandala
  ◊ Le rite de l'offrande du mandala
  ◊ Le mandala en trente-sept tas
  ◊ Le mandala en sept tas
  ◊ La brève offrande du mandala composée par Sakya Pandita
  ◊ La brève offrande du mandala pratiquée pour les préliminaires
4. La méditation de Vajrasattva 137
5. Le Guruyoga 141

Appendices

A. La tradition de Manjushri de l'école Sakyapa
  1. La prophétie de Pelden Atisha 147
  2. La dynastie Sakya Keun 148

B. Le Miroir aux Joyaux :
autobiographie de l'auteur
  1. Vie et études au Tibet 154
  2. La rencontre avec l'Occident 168

Annexes

Liste des centres Sakya dans le monde 178
Index sanscrit des noms de
  personnes, déités et protecteurs 181
Index tibétain des noms de
  personnes, déités et protecteurs 182
Index des noms de lieux, temples et monastères 184
Index des ouvrages cités 185
Glossaire 186
Conseils bibliographiques
  complétant l'index des ouvrages cités 192

Avant-propos de Sa Sainteté Sakya Trizin

AVANT-PROPOS

Je suis très heureux d'apprendre que le Vénérable Géshé Lama Shérab Gyaltsen Amipa est en train d'éditer un livre sur les fondements du *Dharma* (la doctrine ou loi bouddhique) qui a pour titre : *L'Eclosion du Lotus*.

Des bases solides sont indispensables pour mettre en œuvre les pratiques du *Dharma* et je suis certain que ce livre aidera de nombreux étudiants zélés à mener à bien leurs *sadhana* (méthode d'accomplissement méditative).

Je souhaite sincèrement grand succès au Vénérable Géshé Lama Shérab Gyaltsen Amipa et à ses disciples pour la publication de cet ouvrage si utile ainsi qu'à tous les adeptes qui tireront un immense bénéfice de ce livre.

Sa Sainteté SAKYA TRIZIN
Chef de la Tradition Sakyapa
du Bouddhisme Tibétain,
Dehra Dun,
Uttar Pradesh, Inde.

**His Holiness
Sakya Trizin**
HEAD OF THE SAKYAPA ORDER
OF TIBETAN BUDDHISM

192, RAJPUR ROAD
P.O. RAJPUR
DEHRA DUN, U.P., INDIA

12th September '85.

I am very glad to know that Venerable Geshe Lama Sherab Gyaltsen Amipa is bringing out a book on the Foundation of Dharma Practices, i.e. TRAINING OF THE MIND.

Firm foundation is very essential for doing Dharma practices and I am sure this book will certainly help many ardent students in practising the sadhanas correctly.

I sincerely wish all success to Venerable Geshe Lama Sherab Gyaltsen Amipa and his followers in bringing out this needy book and the many practitioners who will benefit immensely from this book.

H.H. SAKYA TRIZIN.

PREFACE

A l'heure actuelle, nombreux sont ceux qui montrent de l'intérêt pour une rencontre entre les traditions d'Orient et d'Occident. Cette aspiration les a conduits à étudier la philosophie et les techniques de méditation bouddhiques et ils se sont ainsi mis à pratiquer. Par ces contacts, j'ai pu personnellement élargir mon expérience. Toutes ces personnes souhaitant s'engager dans un chemin de paix doivent cultiver leur esprit car c'est de son contrôle que la paix dépend. Aussi ai-je composé cet ouvrage qui présente les méthodes d'entraînement spirituel conformément aux enseignements originaux donnés par les Bouddhas du passé, sans aucun commentaire ou ajout personnel.

On trouvera donc ci-après un exposé général du bouddhisme du *Hinayana** (petit véhicule) et du *Mahayana* (grand véhicule) : la première partie est consacrée à la transformation de l'esprit, la seconde comprend les principes fondamentaux du bouddhisme et la troisième les préliminaires méditatifs directs. Une pratique plus avancée requiert les instructions d'un maître spirituel qualifié.

---

* Note : lorsqu'un terme sanscrit fait partie de l'usage parlé, il est cité dans le texte et mis en italique afin de le différencier des termes de la langue française. La première fois qu'il est rencontré, une explication succinte entre parenthèses suit le terme sanscrit. Il arrive parfois que le terme usité soit le terme tibétain : ceci est alors indiqué dans la parenthèse, avant l'explication succinte et (ou) la traduction sanscrite. C'est le cas par exemple de *yidam* (tib. ; sct. : Ishtadevata ; déité tutélaire). Pour une meilleure compréhension, nous rappelons

PREFACE

Il faut garder dans l'esprit l'importance d'une juste compréhension de l'enseignement, car ce n'est que par là qu'il sera possible de vraiment méditer.

Comment procéder ? Tout d'abord en écoutant et en réfléchissant au sens des instructions. Un débutant doit se familiariser avec la terminologie courante : les six *paramita* (perfection), les dix *bhumi* (terre), les cinq *marga* (sentier), etc..., et accomplir aussi les préliminaires. Sur cette base, il pourra entreprendre de contrôler l'esprit puis, ceci fait, développer la méditation. Je forme des vœux pour que ce texte soit utile aux personnes désirant pratiquer le *Dharma*.

Au cours de la vingtaine d'années que j'ai passées en Europe, principalement en Suisse, j'ai joui d'une existence très confortable. Ceci me remplit de gratitude à l'égard de tous ceux et celles qui ont contribué à mon bien-être. Cet ouvrage est né de ma reconnaissance. Puissent les mérites de cet effort aider à la paix universelle, au bonheur et à l'obtention rapide du plein éveil (*bodhi*) pour tous les êtres sans exception.

Rikon, été 1985

Vénérable Géshé Lama Shérab Gyaltsen Amipa

---

que les termes sanscrits se terminant par *a* et *i* sont respectivement masculins et féminins. De plus, aucun terme sanscrit ou tibétain ne prend d'*s* au pluriel. Enfin, la transcription phonétique du sanscrit utilisée ici se rapproche de celle, simplifiée, en usage dans la majeure partie de la littérature pour non-initiés.

Pour plus de précisions sur les significations des termes rencontrés, le lecteur pourra se reporter au glossaire situé en fin d'ouvrage.

INTRODUCTION : LE BOUDDHISME AU TIBET

OM SVASTI : HOMMAGE A LA GRANDE COMPASSION !

« Un million de rais dansent derrière les montagnes d'or,
Embrassant et illuminant le monde,
Mais la brillance du corps doré du Bouddha,
Radieux des marques et des signes de la perfection,
Est plus forte encore.
Puissent ses pieds de lotus reposer éternellement sur
  ma tête.

De naissance en naissance sous forme humaine
Comme l'incarnation du grand et puissant Manjushri.
Durant la vingt-cinquième (existence),
Renommé sous le nom de Kunga Gyaltsen,
Tu fus vénéré par tous comme le Maître* sublime.
A toi je rends hommage. »

Avant l'avènement du bouddhisme, le Tibet se trouvait sous l'influence de la religion Bön**. Le saint *Buddhadharma* (*Dharma* du Bouddha) apparut au Tibet pour la première fois sous le règne du roi Thori Nyentsen. Cinq autres rois se succédèrent, puis Avalokiteshvara lui-même se manifesta sous la

---

* Maître : voir à ce propos les explications à la page 164, ligne 29.
** Bön : se prononce beune.

INTRODUCTION : LE BOUDDHISME AU TIBET

forme du roi pieux Songtsen Gampo. Il commença à diriger le Tibet à l'âge de treize ans, érigeant d'innombrables temples et monastères à travers le pays. Sous son administration, un traducteur du nom de Teunmi Sambhota élabora une écriture tibétaine sur la base de l'alphabet sanscrit (*devanagari*). En même temps, la discipline morale (*vinaya*) des dix actes salutaires fut donnée par le roi au peuple tibétain.

Après les règnes successifs de cinq autres monarques, le roi Tisong Détsen, émanation de Manjushri, monta sur le trône. Durant son règne, Shantarakshita (Khenchen Bodhisattva) et Padmasambhava vinrent au Tibet et fondèrent le célèbre monastère miraculeux de Samyé. Sous l'impulsion de Samyé, le grand roi Ti Ralpachen et d'autres rois, ministres et bodhisattvas servirent successivement le *Dharma*.

Par la suite, diverses traditions spirituelles surgirent au Tibet ; le pays se trouva divisé entre des dynasties rivales. Le bouddhisme déclina mais connut une renaissance au onzième siècle. De nos jours, il existe différentes traditions religieuses, les plus importantes étant les Nyingmapa, Kagyupa, Sakyapa et Gelugpa. Les différences entre elles résident surtout dans leurs méthodes de pratiques, mais leurs vues ne s'écartent pas sensiblement, semble-t-il, de celles des bouddhistes indiens. Ces quatre traditions se fondent toutes sur la logique (*pramana*) et la référence aux textes originels et transmettent les enseignements complets des véhicules du *Hinayana,* du *Mahayana* et du *Tantrayana* (véhicule des *tantra*). On peut même dire que cette reconnaissance des enseignements des trois véhicules par toutes les écoles constitue la caractéristique la plus importante du bouddhisme tibétain.

Premiere Partie

L'entraînement spirituel

L'ENTRAÎNEMENT SPIRITUEL

Introduction

L'objectif principal de cet entraînement est la transformation de la pensée (*citta*), qui s'opère par l'exercice du bien. Tout comme l'athlète désireux de vaincre doit se préparer intensément afin de rendre son corps apte à l'effort, le disciple qui souhaite cheminer sur la voie doit savoir que la vie spirituelle est longue et difficile et requiert patience et application. Il ne fait aucun doute qu'il est malaisé de transformer nos modes de penser, mais le progrès et l'acquisition d'une vaste connaissance sont à notre portée.

L'entraînement nous permettra d'abandonner l'égoïsme et, modifiant notre attitude, nous rendra capable de nous sacrifier pour le bien d'autrui. Cinq points importants relatifs à cette pratique sont exposés dans de nombreux textes :

1. les pratiques préliminaires,
2. la méditation sur *bodhicitta* (esprit d'éveil) relatif et ultime,
3. la transformation des obstacles en une voie vers la libération,
4. les signes d'évolution,
5. les conseils relatifs à la pratique.

1. Les pratiques préliminaires

Elles comprennent trois méditations essentielles au développement intérieur :
- ◊ le précieux corps humain,
- ◊ l'impermanence,
- ◊ le *karma* (les actions et leurs effets).

Qui veut être utile aux autres doit maîtriser ces méditations, de même qu'un bon instructeur possède les sujets qu'il enseigne.

Le précieux corps humain

Comprendre l'importance de ce précieux corps humain grâce auquel de nombreux actes bénéfiques sont possibles est le premier point. La majorité des hommes ne se préoccupent que d'une seule chose, amasser la plus grande quantité de biens, et gâchent leur existence. Par contre, si le corps et l'esprit sont employés à réaliser le *Dharma*, toutes les limitations éclatent. On acquiert la capacité de s'épanouir dans le bien et finalement d'accéder à l'état de Bouddha.

Il est capital de découvrir en soi-même ce potentiel et de s'en servir comme on le ferait d'une source de bien-être. Celui qui, l'ayant compris, n'en continue pas moins de s'abandonner aux plaisirs mondains, chutera sans aucun doute dans une misère profonde.

L'impermanence

Ne remettons pas la pratique au lendemain, car la mort est certaine et incertain le moment de sa venue. Gardant à l'esprit l'imprévisibilité du trépas, ne gaspillons pas le temps précieux qui nous reste, appliquons-nous à l'étude. La pensée de la mort est le meilleur remède à la paresse. Elle nous orientera sur la voie, non seulement pour la durée de cette courte existence mais de façon ininterrompue jusqu'à l'éveil parfait, apportant à la vie suivante les réalisations de chaque vie comme l'arbre fruitier qui croît d'année en année pour finalement porter des fruits.

Nous devons décider solennellement de renaître humain, car ce statut est terriblement difficile à obtenir si l'on tombe dans des états d'infortune.

Le karma (les actions et leurs effets)

Eviter les renaissances inférieures douloureuses dépend des graines semées dans le champ de la conscience grâce à une spiritualité vécue dans le monde humain. Soyons vigilants dans nos efforts, écartons-nous de ce qui est trompeur et illusoire, sinon un véritable engagement ne sera pas possible. Surveillons les trois portes du corps, de la parole et de l'esprit, enrayons les actions néfastes et observons les dix vertus, car les mauvaises habitudes et les manquements, pareils à un serpent venimeux, ont la souffrance pour nature.

o o o

En méditant sur ces trois sujets, la certitude et la connaissance intuitive de leur véracité verront le jour.

2. La méditation sur bodhicitta (esprit d'éveil)

Nous traiterons d'abord de *bodhicitta* relatif dont la compréhension facilitera celle de *bodhicitta* ultime.

Bodhicitta relatif

Beaucoup vivent dans les difficultés et l'insécurité. Cultiver *bodhicitta* aide à transformer ces problèmes en moyens de progresser sur la voie vers la libération. En effet, la transformation d'une chose en une autre provoque des effets entièrement différents. Ainsi, par exemple, en fonction de l'état d'esprit dans lequel elles sont vécues, les circonstances adverses peuvent devenir des moyens d'acquérir l'illumination. C'est pourquoi *bodhicitta* doit être fermement implanté en nous. Il ne s'agit ici ni de spéculation philosophique ni d'un discours ne s'adressant qu'à l'intellect, mais d'un travail sur soi d'une absolue nécessité.

Quand surgit quelque problème, notre réaction habituelle consiste à en blâmer nos semblables ou les circonstances, une attitude que l'on retrouve aussi bien chez les individus, les nations et même les animaux. Pourtant cette réaction est fallacieuse. La véritable cause de tout problème réside dans l'amour de soi, le chérissement de soi-même.

Pour satisfaire le "soi" nous avons maintes fois mal agi. Nous avons poursuivi les plaisirs, apprécié certaines choses et rejeté d'autres. Nous nous sommes battus pour nos possessions, nos prérogatives, ajoutant ainsi à la détresse et à la misère morale, tout ceci pour protéger et sauvegarder notre "soi" bien-aimé. Ce genre de conduite peut être décelé dans tous les plans d'existence.

D'innombrables empreintes de ces actions malheureuses sont emmagasinées en nous, leur cause première étant toujours le chérissement de soi-même. Nous sommes si fortement sous son emprise que nous ne pouvons supporter les privations de nourriture, de boisson ou autre.

Il existe deux moyens de se débarrasser des erreurs accumulées; en détruire les graines par les mesures appropriées ou accepter leurs effets, quels qu'ils soient. Le second est le plus simple. Selon cette optique, les maux que nous inflige autrui sont une grande aide, car ils nous fournissent la possibilité de nous délivrer de nos mauvaises actions. Il faut reconnaître l'amour de soi et l'égoïsme comme les véritables ennemis et les choses ou les personnes par lesquelles nous souffrons comme les meilleurs soutiens. Un esprit entraîné de cette manière est inattaquable. En d'autres termes, la souffrance physique cesse d'affecter l'état d'esprit. Nous savons tous que, si une personne ordinaire tombe malade, elle devient bien souvent la proie du découragement, ce qui rejaillit défavorablement sur sa souffrance corporelle. Dans la même situation, le bodhisattva, qui saura conserver intacte sa joie, surpassera sa souffrance. Dans ce monde où nous sommes sans cesse confrontés aux difficultés, un esprit bien formé présente un grand avantage. Une riche nourriture spirituelle procure la force nécessaire pour franchir les obstacles. Pour cette raison, les tracas ne touchent pas le bodhisattva.

Pour aspirer à cet idéal, deux tâches nous incombent:
— considérer l'amour de soi comme le pire ennemi;
— considérer tous les êtres comme les meilleurs amis et les servir.

Malheureusement, nous sommes encore incapables de mener à bien ces objectifs. Par conséquent, nous y préparer doit être de première importance. Dans la succession indéfinie des existences, tous les êtres ont été nos pères et nos mères. Les payer de retour pour la bonté dont ils ont fait preuve à notre égard dans cette relation de parents à enfants, satisfaire leurs besoins et les aider, tel est notre but. Ils sont en quête du bonheur et en leur offrant notre amour nous nous ouvrons à la technique appelée *"Tonglen"* (tib. ; prendre et donner). Pour cet exercice, comme à l'occasion de toute autre pratique, commencons par demander refuge (voir page 98 et suivantes) et protection aux Trois Joyaux (Bouddha, *Dharma* et *Samgha* –la communauté). De même que l'on nettoie une assiette avant d'y déposer une nourriture succulente, de même nous devons avoir développé la volonté de prendre sur nous les souffrances des êtres. C'est donc le premier aspect à cultiver : imaginons leur détresse sous la forme de rayons noirs venant des dix directions de l'espace et nous pénétrant. Ensuite, cultivons la résolution de leur donner à tous bonheur, vertu et mérite avec une prière fervente à l'objet de refuge pour que ce vœu s'accomplisse. Imaginons que des rayons lumineux issus de notre personne touchent les êtres, exauçant leurs désirs. Répétons cet exercice de nombreuses fois.

Une application continue nous rapprochera peu à peu du plein éveil (parachevé pour le bien de tous les êtres), la seule position permettant d'apporter un soutien efficace et direct. Cette pratique sera difficile à réaliser au commencement, car l'habitude et la pensée de prendre soin d'autrui nous font défaut. Pour ceci, la meilleure approche consistera à considérer les difficultés qui touchent présentement notre personne ou ne manqueront pas de survenir dans cette vie ou les suivantes. La compréhension née de l'exploration de la souffrance personnelle sera alors étendue à tous les êtres. Prenant ainsi conscience de leur détresse, nous leur donnerons alors l'aide nécessaire : ceci doit être notre but.

Peu à peu ce mouvement d'acceptation et d'offrande se fera spontanément jusqu'à devenir une bénédiction pour l'adepte lui-même. D'ordinaire, l'attachement est notre réponse aux objets plaisants, les objets déplaisants suscitant notre aversion, tandis que ce qui apparaît comme neutre n'engendre qu'indifférence. Empêchons l'attachement et donnons à tous amour et sagesse ; prenons sur nous-mêmes ce qui est pénible et laissons autrui partager les bienfaits de nos bonnes qualités. Grâce à ce travail nos souffrances seront considérablement allégées, nous nous trouverons dans la position de transformer les circonstances défavorables en des moyens utiles à la progression vers l'éveil, comme l'oiseau qui adapte sa course aux vents pour s'élever dans le ciel. Prenons sur nous les afflictions du monde, donnons-lui en retour bonheur et vertu.

Il serait malhonnête de se satisfaire de la seule méditation ; en toutes occasions on devra l'appliquer avec notre entourage. Souvenons-nous encore que nous prenons soin de notre corps dans le seul but de servir les autres. C'est aussi l'unique raison de notre écoute des enseignements. A chaque instant, soyons prêts à "prendre et donner", en mangeant, dormant, marchant, dans toute activité. La respiration étant un mouvement naturel ininterrompu, associons "aspirer et expirer" à "prendre et donner".

Placer ses forces dans la pratique du *Dharma* donne tout son sens à la vie. Nous pouvons nous y employer dès maintenant. Que ceci soit notre effort dominant.

Bodhicitta ultime

Dans notre ignorance, nous imaginons que tous les phénomènes existent par eux-mêmes d'une manière indépendante, et, comme tous les êtres, souffrons dans le *samsara* (cycle des existences) à cause d'autres êtres ou de conditions adverses.

L'ignorance est toujours présente, mais elle est aisément reconnaissable quand se manifestent des états émotifs comme l'exaspération, la joie, la peur, car à de tels moments la saisie du "soi" est très forte. En observant minutieusement pendant des mois, et même des années, la manière dont fonctionne la conception du "soi", selon laquelle nous lui attribuons une existence réelle, nous serons en mesure de percevoir *shunyata* (la vacuité), le fait que le "je" et les phénomènes sont vides de cette forme d'existence. En d'autres mots, les phénomènes que nous considérons comme vrais, sont en réalité comparables aux illusions d'un rêve. La reconnaissance de *shunyata* (qui est le fruit d'une méditation prolongée et pas simplement de l'écoute des instructions ou de l'étude) est donc très importante.

Nous appréhendons les phénomènes comme s'ils existaient indépendamment de notre conscience. Cette vue est erronée, et en y adhérant nous nous exposons à être trompé. Il est dit en effet que si les phénomènes n'existent pas réellement, tels que nous les percevons, ils ne sont pas pour autant inexistants. Ces deux extrêmes, "existence en soi" et "totale inexistence", sont également faux. Nous sommes imprégnés de cette erreur depuis si longtemps que nous croyons à la justesse de notre vision et sommes incapables de discerner la vérité. C'est pourtant la signification profonde de *shunyata* qui constitue le mode d'existence juste.

Pensant à *shunyata*, nous pourrions être amenés à croire à la non-existence des phénomènes. Il n'en est pas ainsi; ceux-ci ne sont pas de complètes illusions comme, par exemple, les apparitions d'un rêve. Les phénomènes ont un mode d'être. Ainsi, quand nous regardons un pic neigeux à travers des verres jaunes, la neige nous apparait jaune; les verres teintés modifient notre perception. De même, en raison de notre ignorance les phénomènes nous apparaissent réels leur mode d'être cependant est totalement différent de celui que révèle notre perception. Pourtant, répétons-le, il faut éviter de tomber dans l'extrême qui consiste à leur nier toute forme d'existence. Progressons sur une voie médiane en plaçant notre attention sur *shunyata*, c'est-à-dire la vacuité ou négation attachée à l'existence intrinsèque des phénomènes. *Bodhicitta* ultime signifie le complet affranchissement du *samsara*.

Éphémères sont les fruits qu'un arbre produit de nouveau chaque année, mais le fruit de *bodhicitta* demeure inchangé, toujours vivant.

3. La transformation des obstacles en une voie vers la libération

Les conditions adverses dont l'existence est parsemée doivent devenir des moyens de libération. Les humains endurent la guerre, la maladie physique et mentale, la pauvreté et d'autres épreuves résultant toutes de la maturation d'actions antérieures impures. Pour des personnes peu entraînées, de telles situations sont difficilement utilisables ; seules celles qui auront cultivé *bodhicitta* en feront des instruments de la pratique. Comme on l'a vu, nos difficultés ont l'amour de soi pour cause profonde. Aussi devrions-nous accepter avec joie l'inévitable maturation des graines que nous avons semées. Pourquoi être surpris de ce que nous nous sommes infligés à nous-mêmes ? Par exemple, nous nous appliquons sérieusement au *Dharma* et, soudain, nous voilà privé de notre maison bien-aimée, chassé de notre pays. C'est le moment de songer qu'auparavant nous avons sans doute commis une action semblable. Prions et développons le désir sincère de nous charger des souffrances dont les autres êtres sont frappés. Cette attitude nous permettra, même privé de notre foyer, de poursuivre notre engagement.

Répondons dans le même esprit aux insultes, aux accusations portées sans qu'apparemment nous ayons nui à personne. Habituellement, c'est la réaction inverse d'agressivité qui prévaut. Mais nous qui aspirons au bien, pensons aux mérites que nous gagnerons ; en réalité, nos ennemis nous aident à rembourser nos dettes karmiques. Considérons-les donc avec bonté et, maintenant que nous en connaissons les résultats, méfions-nous à l'avenir des actions nuisibles. Peu importe l'endroit où nous vivons, même retiré dans une grotte, peu importe l'adversité, faisons-en bon usage et employons-nous à méditer en considérant toute chose à la lumière de *shunyata*. Quand on se trouve en paix avec soi-même aucune arme ne peut nous blesser. Sakya Pandita, un des *mahasiddha* (grand accompli) du Tibet, a dit : "En mangeant, en marchant, en dormant, toujours je médite".

De cette manière chaque activité du corps, de la parole et de la pensée est orientée vers le *Dharma* et nous met à l'abri de l'erreur. Une fois allumé le feu de *bodhicitta*, toutes les situations, comparables à de l'huile versée sur les flammes, sont cause d'élévation spirituelle.

4. Les signes d'évolution

Une joie toujours présente constitue déjà une bonne indication de progrès. Les fautes sont évitées et l'on peut même considérer avec plaisir les maux dont on est victime, ce qui active notre développement. Par contre, tant que notre réaction aux situations déplaisantes demeure semblable à celle du monde ordinaire, faite de découragement ou d'irritation, nos efforts n'ont pas abouti. Un Gourou est inutile pour définir notre état, l'introspection y suffit.

La transformation de l'amour de soi et de l'égoïsme en une attitude compatissante doit avoir lieu. Cinq caractéristiques révèlent un pratiquant accompli :

1. Le "grand esprit" (*shramana*), au lieu de consacrer la majeure partie de son temps aux affaires du siècle et aux discussions oiseuses, s'occupe entièrement à cultiver *bodhicitta*.
2. Le "grand détenteur de la discipline" agit avec justesse. Muni de compréhension, il a reconnu la loi du *karma* et se protège au moyen d'une éthique (*shila*) pure du corps, de la parole et de l'esprit.
3. Le "grand ascète", au lieu de sacrifier à la fortune et aux passions comme les personnes ordinaires, se voue au *Dharma*, endurant toutes les difficultés pour se délivrer des perturbations et des actions contaminées.
4. Le "grand religieux" est celui dont toute l'activité est inséparable des méthodes de développement de *bodhicitta*.
5. Le "grand méditant" (*yogin, yogini*) utilise toutes ses forces pour développer *bodhicitta* et acquérir la connaissance.

5. Les conseils relatifs à la pratique

Nous avons expliqué plus haut comment notre vie est le plus souvent futile, soumise à la recherche des plaisirs qui ne sont que des causes d'accroissement des perturbations mentales. Nous devons éviter tout cela et mener une existence altruiste.

Ne mangeons pas par avidité, mais pour garder une bonne condition physique et être capable d'œuvrer pour le bien d'autrui. Prenons soin de nous-même afin de jouir d'une longue vie qui nous permettra de cultiver largement la voie. Habillons-nous, non par goût de l'élégance, mais pour protéger notre corps de la chaleur, du froid et de l'humidité. En bref, faisons tout concourir au développement de *bodhicitta* et quand, du fait d'autrui, l'infortune nous frappe, rappelons-nous que notre seule tâche est d'obtenir l'illumination pour le bien de tous.

Lorsque s'élèvent les perturbations, voyons-les comme un rappel à combattre l'indolence et décidons de les rejeter.

Le matin au réveil, prenons la résolution de renoncer aux actes inutiles et de nous consacrer à *bodhicitta*. A la fin de la journée, passons en revue nos actions; réjouissons-nous si nous avons bien agi, repentons-nous dans le cas contraire, en pensant aux conséquences des actions nuisibles.

Ceux dont la vie est confortable ne doivent pas oublier que tout est impermanent, qu'on ne peut prendre appui sur les choses du monde. Et si des difficultés se présentent, ne cédons pas au découragement, à la dépression, car le *samsara* a la douleur pour nature. Surmontons-les et appliquons-nous à *bodhicitta*.

Les aspects principaux de l'engagement peuvent se résumer ainsi :
- Eliminer les deux objets qui font obstacle :
    ◊ les dix non-vertus,
    ◊ le chérissement de soi-même.
- Surmonter les trois difficultés et ainsi :
    ◊ reconnaître les perturbations comme telles,
    ◊ empêcher l'apparition des perturbations dès qu'elles ont été reconnues,
    ◊ trancher le courant des perturbations.
- Réunir les trois conditions fondamentales menant au terme de la souffrance :
    ◊ rencontrer le Gourou qui montre la voie,
    ◊ être vertueux afin de s'engager sur la voie avec joie et confiance,
    ◊ être sage et persévérant.
- Méditer les trois aspects de non-dégénérescence :
    ◊ une dévotion indéfectible au Gourou,
    ◊ un enthousiasme indéfectible pour *bodhicitta*,
    ◊ une volonté indéfectible d'aider autrui.
- Bannir les six états d'esprit erronés :
    ◊ une patience erronée pour les choses mondaines plutôt que pour le *Dharma*,
    ◊ des désirs erronés pour les choses mondaines plutôt que pour le *Dharma*,
    ◊ un penchant erroné pour les jouissances mondaines à la saveur contaminée, souvent associées à l'aversion, plutôt que pour le goût exquis de l'expérience du *Dharma*,
    ◊ une compassion erronée pour les pratiquants qui vivent dans la pauvreté plutôt que pour les gens du monde aisés, heureux en apparence,
    ◊ une loyauté erronée envers les amis et la famille qui pourraient nous éloigner de nos engagements,

◊ une réjouissance erronée pour l'infortune de nos ennemis plutôt que le plaisir ressenti devant l'activité des personnes œuvrant pour le bien de leurs ennemis.

Orientons toutes nos pensées vers *bodhicitta* et étendons cette pratique à l'ensemble des êtres. Développons la compassion (*karuna*) en pensant à tous ceux qui ont trouvé la mort au combat, à tous ceux que les conflits mutilent encore actuellement. Ces événements tragiques ne cessent jamais de se produirent et deviennent souvent les thèmes de films, pièces de théâtre, livres ou autres que l'on ne devrait pas percevoir comme de simples distractions mais comme de véritables enseignements. De même, en observant les vies creuses de chefs politiques puissants ou d'hommes d'affaires influents, songeons à la précieuse forme humaine que nous avons obtenue dans cette vie et essayons de ne pas la gâcher. Efforçons-nous de reconnaître le sens profond de la vie.

Par exemple, en entendant les battements d'un tambour, rappelons-nous que la peau que l'on frappe est celle d'un animal dont la vie a été sacrifiée et qu'il nous faudra pareillement abandonner notre enveloppe corporelle. Eclairons notre pratique du *Dharma* à l'aide d'observations et de réflexions de ce genre.

Respectons notre père et notre mère, ainsi que notre maître spirituel. Le mépris pour eux est plus grave que s'il s'adressait à d'autres personnes. Le danger de désaccord et de heurts est plus grand avec les gens que l'on côtoie continuellement ; soyons donc particulièrement attentif à la qualité de nos relations avec nos proches. Respectons aussi nos amis, ceux avec lesquels nous avons des contacts réguliers, nos égaux en position. Ne nous laissons pas emporter lorsque nous sommes insulté ou quand, en raison d'un *karma* ancien, nous ressentons de l'antipathie vis-à-vis de quelqu'un.

Pratiquons le détachement à l'égard des circonstances, soyons confiant dans le caractère positif de notre travail intérieur. Que surviennent des difficultés, ne nous y agrippons pas car tout va et vient comme le vent.

Une fois que l'on a rencontré un Gourou et reçu des instructions, en particulier celles ayant trait à *bodhicitta*, il faut une application intense, le succès en dépend. Ne nous épuisons pas dans des tâches mondaines mais saisissons l'occasion de mettre en œuvre les enseignements.

Soyons ferme dans notre méditation, car toute interruption freine nos progrès.

Il faut nous focaliser entièrement sur le but à atteindre et persévérer jusqu'à ce que les résultats se manifestent.

Examinons nos perturbations et nos réactions avec lucidité et essayons d'extirper les premières.

Il ne convient ni de se vanter de ses bonnes actions ni de s'exercer avec l'idée d'en être honoré.

L'activité doit être altruiste et totalement désintéressée, sans égoïsme aucun.

Un auteur a écrit :

> « Ma pratique essentielle est *bodhicitta*, que l'on approche par de nombreuses méthodes. Indifférent à mes souffrances personnelles, indifférent à la louange comme au blâme, je me sacrifie entièrement pour le bien de ceux qui vivent dans la détresse afin qu'ils parviennent également à l'expérience de *bodhicitta*. Grâce aux instructions de mon Gourou j'ai abandonné l'égoïsme ; aussi puis-je mourir sans regret. »

o o o

Ces enseignements sont faciles à comprendre. Ils sont d'une extrême importance, indispensables même en cet âge de dégénérescence. Le bonheur et la paix que tous nous désirons ne surgissent pas tout seul, chacun de nous doit y contribuer.

> Telle est la méthode léguée par les grands
> maîtres du passé pour que nous apprenions
> à agir en parfaite harmonie avec le *Dharma*.

Les cinq Jetsuns

Les cinq Jetsuns (XIème - XIIIème siècle),
Lamas fondateurs de la tradition Sakyapa. —Tibet
(représentés au centre)

Vajradhara

Virupa   Hevajra

Seunam Tsemo   Dhagpa Gyaltsen
(1142 - 1182)   (1147 - 1216)

Sachen Kunga Nyingpo
(1092 - 1158)

Sakya Pandita   Cheugyal Phagpa
(1182 - 1251)   (1235 - 1280)

Ngor-chen   Mahakala   Tshar-chen

DEUXIEME PARTIE

La clé pour une profonde compréhension

1. Les sources

« Hommage à celui dont la sagesse (*prajña*), pareille à une voie divine, s'étend à tout ce qui est connaissable,
Dont la compassion, pareille à la clarté de la lune, est un diadème embellissant les êtres,
Et dont l'activité, pareille à un joyau qui exauce les souhaits, satisfait leurs besoins et leurs désirs.
Hommage à l'incomparable protecteur, au sauveur, au lion des Shakya.

Je m'incline devant Manjushri, l'incarnation de la sagesse des Bouddhas des trois temps,
Devant Avalokiteshvara*, qui promit de protéger tous les êtres des trois mondes**,
Devant Sakyapa, qui se manifesta sous forme humaine pour guider les êtres vivants en ces temps de dégénérescence.
Aux pieds de ces trois déités, toutes de noblesse, je m'incline respectueusement. »

Grâce aux vertus accumulées dans le passé, nous avons reçu une précieuse existence humaine qui nous donne la capacité de mettre en œuvre le saint *Dharma*. En commençant par

---

* tib. : Chenrézig.
** voir "trois *dhatu*", page 60, ligne 25.

faire des offrandes au Gourou et au *Dharma*, de multiples vertus sont instantanément acquises. Plus tard, les personnes dotées d'une pure aspiration au bien rechercheront la plénitude. Ce texte contient les sublimes instructions sur la signification du bouddhisme *Mahayana* qui rend possible la réalisation de ce souhait.

Le pur et parfait Bouddha possède la capacité spirituelle pour révéler la voie juste aux êtres. Ainsi, tous les enseignements relatifs à la contemplation, à la vigilance et à la méditation dans le *Paramitayana* (véhicule des perfections) et le *Tantrayana* ont été dispensés en tenant compte des différents types d'auditoires.

La pratique correcte est fondée à la fois sur l'acceptation des directives écrites et des instructions orales qui sont essentielles.

Ce qui suit est une brève énumération des principales directives contenues dans les Ecritures.

Dans *L'Abhisamayalamkara* (L'Ornement de la Claire Réalisation), Maitreya dit que ce texte présente la signification du *Prajñaparamita Sutra* (La Perfection de Sagesse) et, dans le *Sutralamkara* (L'Ornement des Soutras Mahayanistes), il enseigne les différents modes de penser selon le canon des soutras mahayanistes c'est-à-dire entre autres, la voie progressive de contemplation et la dévotion au *Dharma*.

Dans le *Rajaparikhataratnavali* (La Précieuse Guirlande de Conseils au Roi), l'*arya* Nagarjuna (env. 1er siècle) démontre que les formes élevées d'existence et l'éveil ultime sont accessibles lorsqu'on suit la voie graduelle ayant pour bases la foi et la sagesse.

Son élève Aryadeva déclare que ces deux approches, abandonner les quatre attachements et prendre le Bouddha comme objet de méditation, représentent le mode de progression adopté par les bodhisattvas qui ont surmonté les derniers obstacles intérieurs et leurs causes. Cette conduite constitue la juste assise de l'engagement, l'essence des enseignements des étapes de la voie.

Shantideva (8ème siècle) dit que l'existence humaine parfaitement qualifiée rend possible l'exercice des six *para-*

mita, considérés comme la quête essentielle d'un bodhisattva. Qui s'y applique avec dévotion est assuré de marcher sur le chemin du plein épanouissement.

Atisha (982-1054) souligne qu'une personne de capacités modestes abandonnera le désir de cette vie et réunira des conditions favorables pour la suivante; qu'une personne de capacités moyennes rejettera les bienfaits de l'existence mondaine pour s'en libérer entièrement; et qu'une personne de capacités supérieures recherchera exclusivement le plein éveil pour le bien des êtres. Ces possibilités variées représentent les trois plans de la voie graduée vers l'illumination.

Chandrakirti ($7^{\text{ème}}$ siècle) écrit que par la pratique de *mahakaruna* (grande compassion) et de *bodhicitta* et par la constatation de la non-dualité, un être ordinaire accède au rang d'un *arya* (être supérieur), puis, au moyen des dix *paramita*, traverse les dix terres d'un bodhisattva.

Cette tradition suprême, immaculée, de la voie graduelle menant à l'obtention des trois corps (voir trois *kaya* : page 100, ligne 18) d'un Bouddha, est révélée sans erreur par de grands philosophes dans le canon mahayaniste (*Tripitaka*). Néanmoins, la transmission écrite ne peut être intégrée que par un esprit bien formé; les adeptes de moindre entraînement ne sauraient la comprendre.

Voici à présent l'enseignement où l'on accorde à la tradition orale une importance égale à la tradition écrite.

Il existe de multiples lignées, mais parmi les plus remarquables sont celles transmises par (1) le Gourou Serlingpa (Gourou Dharmakirti de Suvarnadvipa) à Atisha et par (2) Manjushri au grand méditant sakyapa Sachen Kunga Nyingpo (1092-1158).

La *tradition orale de Serlingpa* se rapporte aux quatre thèmes suivants qui constituent la base de la production de *bodhicitta*:
— la difficulté d'obtenir une existence humaine
pleinement qualifiée,

— l'impermanence et la mort,
— le *karma*, loi des causes et des effets,
— les conditions adverses dans le *samsara*.

On se préparera par les méditations sur l'amour et la compassion. Cette dernière fonde à son tour la méditation sur *bodhicitta* dont la caractéristique première est l'échange de soi pour autrui. On méditera ensuite sur *bodhicitta* ultime.

La voie se présente ainsi :
1) les circonstances adverses conduisent sur la voie de l'illumination ;
2) toute notre existence est orientée vers le *Dharma*.

Les études incluent les vœux et engagements divers et les méthodes d'entraînement de l'esprit. Leur mise en œuvre constitue l'accomplissement de cette voie sans pareille.

Atisha fut le propagateur de cette tradition au Tibet. Il ne la transmit en son entier qu'à Géshé Dromteunpa (1005-1064), lequel ne la dispensa qu'aux "trois frères éminents" Poutchoungwa (1031-1106), Potowa (1031-1105) et Chenngawa (1038-1103). Ces derniers la répandirent dans tout le pays. Au Tibet cette voie traditionnelle s'impose avec la même évidence que le soleil et la lune. Pour ce qui est de sa pratique, on peut s'en remettre aux ouvrages de Gyeltsé Cheuzong et de ses disciples ainsi qu'aux enseignements de Cheunou Gyelchog.

La *transmission orale transmise par Manjushri*, quoique particulière, s'accorde avec la méthode de Serlingpa et sa valeur est reconnue. Quand le grand Sachen Kunga Nyingpo eut douze ans, il pratiqua le rite d'accomplissement de Manjushri. Après six mois d'efforts, celui-ci lui apparut et déclara :

« Si tu es attaché à cette vie tu n'es pas une personne religieuse.
Si tu es attaché au *samsara* tu manques de renoncement.
Si tu es attaché à ton propre bien-être tu ne possèdes pas *bodhicitta*.
Si la saisie surgit tu ne détiens pas la vue. »

Ce verset inclut l'expérience vécue de l'ensemble des six *paramita*.

Il signifie :

1) que l'esprit qui s'est détourné des désirs de cette vie s'oriente vers le *Dharma* ;
2) que l'on entre sur la voie lorsque l'attachement au *samsara* est abandonné ;
3) que si l'on ne souhaite rien pour soi-même la porte des perturbations est fermée ;
4) qu'en éliminant l'attachement aux quatre extrêmes (existence, non-existence, existence et non-existence, ni existence ni non-existence) les perturbations se transforment en sagesse.

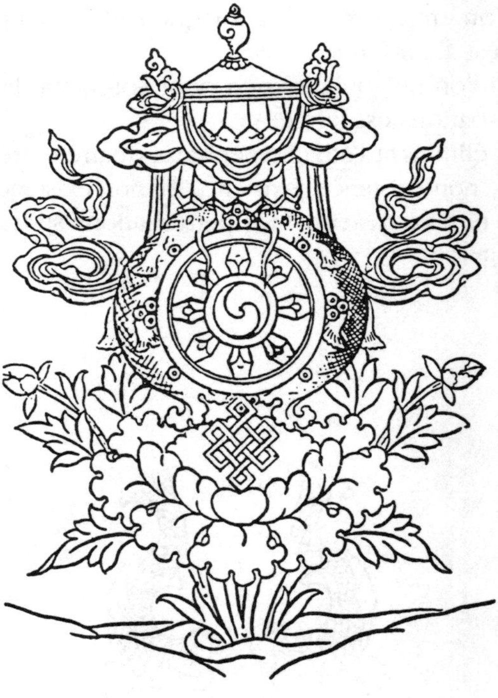

2. Explications réunissant les quatre thèmes de la tradition du Gourou Serlingpa et les pratiques des disciples de faible et moyenne capacité

A. La préparation porte sur la difficulté d'obtenir une existence humaine pleinement qualifiée

Assis confortablement, prenons refuge dans le Gourou et les Trois Joyaux. Adressons-leur notre prière afin qu'ils nous aident à tourner notre pensée vers le *Dharma*. La contemplation a pour force directrice *bodhicitta*, l'aspiration au plein épanouissement pour le bien des êtres. L'existence humaine pleinement qualifiée, ou précieux corps humain, se caractérise par huit libertés et dix attributs (voir pages 54-55) difficiles à acquérir, tout comme l'esprit vertueux dont ils dépendent. Parmi les êtres des six mondes (voir page 47), peu habitent les royaumes élevés tandis que le plus grand nombre vit dans des royaumes inférieurs. Ainsi, les insectes agglutinés dans un seul arbre surpassent en quantité les humains peuplant cette terre. Cela suffit pour démontrer que les chances d'obtenir un précieux corps humain sont très faibles. Par conséquent, gardons-nous de le gaspiller en méditant avec force sur sa rareté. Les vies suivantes n'en seront que plus favorables.

B. La pratique de base consiste en la méditation sur l'impermanence et la mort

Comme auparavant, prenons refuge, développons *bodhicitta* puis entamons la contemplation :

La mort est certaine ; personne n'est immortel. Personne n'a jamais échappé au trépas. L'heure de ce passage est incertaine ; qui pourrait dire quand il mourra ? Ce moment est peut être tout proche. Peu de circonstances favorisent la vie, beaucoup concourent à sa fin. Lorsque la mort survient, rien ne peut l'empêcher, aucun médicament, aucun rituel. Toutes les choses matérielles sont perdues. Nous ne pouvons emporter ni richesses, ni serviteurs. Seule la pratique spirituelle accomplie nous accompagnera dans le voyage vers la vie prochaine.

Ces pensées présentes à l'esprit, abandonnons l'attachement à cette vie. Cette méditation est la plus efficace des méthodes pour se tourner vers le *Dharma*.

Actuellement, nous jouissons de plaisirs divers, d'une nourriture excellente, de vêtements confortables, d'un entourage d'amis et de parents. Mais nous devrons bientôt quitter tout cela et poursuivre seul notre destinée. Les choses mondaines sont éphémères. Réfléchir ainsi devrait nous aider à renoncer aux activités du siècle.

C. La méditation sur le karma, loi des causes et des effets

Après avoir pris refuge et engendré *bodhicitta*, contemplons le fait qu'au prix de mille difficultés nous avons obtenu ce précieux corps humain. Ce corps est impermanent, aussi est-il nécessaire d'éviter les erreurs et de cultiver la vertu autant qu'on le peut avant que cette vie ne s'achève. Ceci est capital car l'accoutumance à ce qui est défavorable mène aux existences inférieures. Ainsi, le meurtre affectera la durée de notre vie et le vol nous privera de nos biens. De tels effets démontrent la validité de la loi du *karma*. Qui s'est adonné aux mauvaises habitudes de comportement sera dominé par le désir de les répéter et, après cette vie, renaîtra dans des états douloureux dont il est presque impossible de s'échapper. S'exercer aux dix vertus donne le résultat opposé et une renaissance heureuse. Le désir de s'écarter d'une conduite néfaste devrait sortir renforcé de cette réflexion.

Conscient de la loi du *karma*, nous arriverons à la conclusion que l'abstention du meurtre portera le fruit d'une longue vie et que l'accoutumance à la pratique du bien favorisera l'obtention d'une renaissance privilégiée.

Après avoir compris le fonctionnement du *karma*, nous devons mettre en œuvre cette capacité de distinguer entre ce qui est à adopter et ce qui est à rejeter. Il faut être animé d'un profond désir de perfectionnement.

D. Le renoncement à l'attachement au samsara

Comme plus haut, commençons par prendre refuge et engendrons *bodhicitta*. Afin de s'engager sur la voie on méditera sur les imperfections propres au *samsara*.

Le *samsara* (cycle des naissances et des morts) est divisé en trois *dhatu* (sphère d'existence) et en six *loka* (monde ou lieu de renaissance). Les trois *dhatu* sont ceux du *kamadhatu* (monde du désir), du *rupadhatu* (monde de la forme) et de l'*arupadhatu* (monde du sans-forme). Les six *loka* sont ceux des êtres humains, des animaux, des *preta* (esprit affamé), des êtres des enfers, des *deva* (dieu) et des *asura* (dieu jaloux).

Dans le triple monde, où que l'on naisse, la souffrance est inévitable. Le *samsara* est la base à partir de laquelle elle se propage et l'aimant qui l'attire, le magasin où son potentiel est entreposé. La souffrance est de trois sortes : ainsi les êtres des enfers, les *preta* et les animaux endurent principalement la "souffrance de la souffrance", les *deva*, les *asura* et les humains la "souffrance de l'impermanence" alors que l'ensemble des habitants des six *loka* est piégé dans la "souffrance imprégnant l'existence conditionnée par les actions impures".

Il est donc capital d'abandonner toute attirance envers le *samsara* et de méditer sur la nécessité de s'en libérer. Il faut comprendre et appliquer le *Dharma* afin de se débarrasser des joies et des peines inhérentes au cycle.

o o o

Ceci conclut l'exposition des quatre thèmes de Serlingpa et des deux premiers niveaux de motivation selon Atisha (voir page 41).

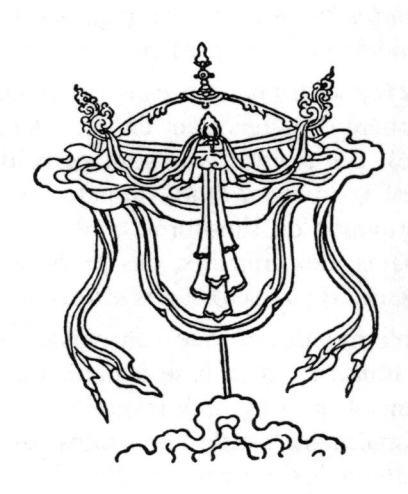

3. Le pratiquant de suprême aspiration

A. L'abandon de l'attachement à soi-même

C'est la méthode pour chasser les perturbations obstruant la voie. Elle comprend les méditations sur :
- ◊ l'amour,
- ◊ la compassion,
- ◊ *bodhicitta*.

L'amour

La délivrance personnelle des maux du *samsara* est insuffisante. Au cours de nos existences sans nombre tous les êtres ont été nos mères douces et aimantes ; à ce titre nous incombe la tâche de cultiver l'aspiration pour qu'ils connaissent le bonheur et la paix. Dans cette contemplation nous devons évoquer la bonté dispensée par notre mère dans cette vie qui, uniquement préoccupée de notre bien-être, nous a nourris, vêtus et éduqués. La mission dont nous sommes investis à son endroit doit également s'étendre à notre père, à nos proches, à nos ennemis, même s'ils nous nuisent, jusqu'à inclure tous les êtres, et en particulier ceux des mondes inférieurs endurant d'horribles tourments.

La compassion

Evoquons la bonté de notre mère tout en aspirant à la soulager de sa douleur ; acceptons celle-ci avec compassion puis, progressivement, incluons l'ensemble des êtres dans notre méditation : tous ont été si bons pour nous ; nous devons tous les libérer.

L'amour et la compassion sont les causes de *bodhicitta*. Constituant ainsi le fondement des qualités du *Mahayana*, on ne saurait trop insister sur l'absolue nécessité de leur réalisation.

Bodhicitta

Il se répartit en trois subdivisions :

◊ *bodhicitta* relatif,
◊ *bodhicitta* d'égalité entre soi-même et autrui,
◊ *bodhicitta* d'échange de soi pour autrui.

Bodhicitta relatif

En dépit de notre désir d'apporter la sérénité à nos semblables, à tous nos parents dispersés dans les trois sphères d'existence, nous sommes impuissants à les aider. Même les déités comme Indra ou Brahma, même les sublimes *shravaka* (auditeur) et *pratyekabuddha* (réalisateur solitaire) n'en ont pas la capacité. Seuls les parfaits Bouddhas ont cette force. C'est la raison pour laquelle le plein épanouissement doit être notre but final. Méditons ceci et formons le vœu de sauver tous les êtres de l'océan de l'existence. Conduits par cette attitude, tous nos actes bénéfiques seront autant de pierres ajoutées à la construction de l'illumination. Voilà pourquoi *bodhicitta* est tenu en si haute estime dans les textes du *Mahayana*.

Bodhicitta d'égalité entre soi et autrui

Tout comme nous, chaque être souhaite échapper à la souffrance et atteindre la sérénité. Par conséquent, appliquons autant d'efforts à rechercher la paix pour autrui que nous le faisons pour nous-mêmes.

Bodhicitta d'échange de soi pour autrui

La vie de notre mère aimante est par nature douloureuse. C'est pourquoi une compassion profonde s'avère nécessaire.

Méditons ainsi :

« *Puissé-je prendre sur moi les tourments et erreurs de ma mère. Puissent mon bonheur et mes vertus lui être dispensés afin qu'elle accède au plein épanouissement.* »

Etendons notre contemplation à nos proches, puis à l'ensemble des êtres dont nous percevons la souffrance, à nos ennemis comme aux habitants des enfers, finalement à tous sans exception. De cette manière, on accepte volontairement les malheurs des autres pour leur offrir en échange notre bonheur, nos vertus, nos richesses. Des désirs immédiats seront satisfaits et, progressivement, la plénitude sera atteinte par chacun.

Tels sont les enseignements essentiels du bouddhisme *Mahayana*, les instructions des Bouddhas passés, présents et à venir. C'est en nous y conformant que nous devrons suivre la voie afin d'éviter toute mauvaise compréhension. D'autres raisons légitiment cette méthode, mais nous ne pouvons les détailler ici. Ces méditations seront précédées de la prise de refuge, de l'engendrement de *bodhicitta* et de la pratique du *Guruyoga* (Yoga du Gourou : pratique de dévotion au maître spirituel ; voir page 141) et suivies de prières de dédicaces ou partage du mérite accumulé.

En dehors des périodes méditatives proprement dites, soyons vigilants dans toutes nos activités, en marchant, en mangeant ou en dormant, que nous soyons debouts, assis ou couchés.

B. L'abandon de l'attachement aux quatre limitations

Ce sont :

- ◊ l'attrait pour cette vie,
- ◊ celui pour le *samsara*,
- ◊ le désir de son propre bien,
- ◊ la conception des quatre extrêmes.

Cet engagement permet de transmuter les perturbations en sagesse, laquelle, selon les instructions, est réalisée au moyen de *shamatha* (calme continu) et *vipashyana* (vision pénétrante : voir page 75). *Vipashyana* se réfère à la méditation sur *shunyata* qualifiant les personnes et les autres phénomènes. La tradition discutée ici traite de la pratique simultanée des méditations suivantes :

— toutes les apparences ont leur origine dans l'esprit,
— l'esprit naît de l'illusion,
— l'illusion est privée de nature propre.

A travers ces contemplations on finit par comprendre que tous les phénomènes sont illusoires, semblables aux rêves, ce qui conduit à l'abandon de l'attachement. Toutefois si l'on ignore les instructions du Gourou pour s'exercer de son propre chef, les perturbations gagneront en force. En effet, les écrits sont à eux seuls insuffisants pour communiquer la pleine compréhension de l'enseignement, surtout lorsque le texte ne renferme pas toutes les instructions. A présent il importe, au mieux de ses possibilités, de cultiver en pensée les racines de bien, et surtout de s'efforcer aux activités salutaires. Ce faisant, méfions-nous d'une attitude passive, étroite, comme : "ceci étant considéré comme le bien, je l'accomplis". Il serait plus juste de penser : "personnellement j'ai dirigé moi-même tous mes efforts pour accomplir telle vertu de telle et telle manière".

Qu'on n'en tire pas pour autant orgueil ; seule doit dominer l'intention d'amener autrui à agir de façon bénéfique. C'est le mode juste d'acquisition des *racines* de bien. Rappelons-nous que toute activité mondaine est illusoire, analogue à un rêve. Imprégnons-nous de ce fait. Il formera la base de la vue correcte.

En conclusion, rappelons-nous les quatre aspects de la voie progressive :

— l'approche de la libération dans les vies à venir dépend de l'inclination de l'esprit pour le *Dharma*,
— l'entrée sur la voie de la libération dépend du renoncement au *samsara*,

— le chemin du *Mahayana* grâce auquel tous les obstacles sont chassés dépend de l'abandon de l'attitude propre aux disciples du *Hinayana*,
— la transformation en sagesse des perturbations dépend du rejet de l'attachement aux extrêmes, rejet par l'intermédiaire duquel nous en venons à comprendre le sens de la vérité ultime.

Telle est l'essence du chemin. Notre pratique devrait s'y conformer.

Enfin, pour donner toute leur portée aux actions des trois portes du corps, de la parole et de l'esprit :
— offrons des prosternations et rendons hommage aux lieux saints,
— louons les Bouddhas et les bodhisattvas et lisons les profonds soutras,
— méditons l'amour, la compassion et *bodhicitta*,
— dans le but d'utiliser sagement nos biens, faisons des offrandes aux Trois Joyaux et vénérons le *Samgha*,

Accompagnons ces actions de prières immaculées qui assureront l'accès à la plénitude et à ses précieuses qualités.

La quintessence de ces instructions est donnée par les versets suivants de Seunam Sengué :

« Éphémère par nature, le corps humain nécessaire à l'exercice du *Dharma* est difficile à obtenir.
La juste appréciation du bien et du mal est essentielle.
Connaître ce qui est à adopter et à rejeter conduit à une pratique assidue.
Telle est la **première étape**.

Prendre conscience des souffrances de tous les êtres dans l'océan de l'existence
Et chercher à atteindre les rives du *nirvana* (l'au-delà des peines) conduit au renoncement,
Telle est la **deuxième étape**.

Tous les êtres, innombrables comme les étoiles, ont été plusieurs fois nos pères et mères aimants ;
Les aider jusqu'à l'illumination en cultivant l'amour, la compassion et le sublime *bodhicitta*,
Telle est la **troisième étape**.

Tout ce qui apparait a son origine dans l'esprit, l'esprit lui-même (par nature illusoire) est le produit d'une accumulation de conditions en accord avec la loi du *karma*.
Réaliser l'état libre de tout aspect trompeur donne le pouvoir de s'engager dans la méditation sur la nature ultime des essences.
Telle est la **quatrième étape**.

En toute occasion faites des offrandes aux Trois Joyaux,
Extirpez peu à peu les racines d'une mauvaise conduite,
Protégez celui qui est sans protection,
Donnez au démuni ce qui lui est nécessaire,

Partagez le mérite de toutes ces activités dans un état d'esprit entièrement libre des trois manifestations.
De cette manière, les bénédictions d'un bien-être présent et futur sont certaines. »

Ces principes de base furent dispensés avec bonté afin d'être appliqués en vue de la libération de tous. Ralo Dorjé, d'une confiance absolue dans le *Dharma*, en fit la requête au moine Seunam Sengué avec la pensée que des instructions précises étaient nécessaires.

La composition de ce texte, écrit en conformité avec la causalité telle qu'elle est exposée dans les soutras, fut achevée le 3ème jour du mois de Kartika (octobre/novembre) dans un ermitage de la province d'Amdo.

MANGALAM BHAVANTU

Puisse la vertu s'épanouir !

4. La méditation sur le précieux corps humain

L'obtention d'une existence humaine pleinement qualifiée offre la possibilité de réaliser la cessation de la souffrance. Il faut donc prendre conscience de la valeur inestimable de cet instrument de libération. Le précieux corps humain possède huit libertés et dix attributs :

Les huit libertés

Elles consistent :
1) *à ne pas être* soumis aux vues erronées telles que l'athéisme, le nihilisme, la négation de la loi des causes et des effets ;

à ne pas être né
2) dans une contrée barbare où la religion est inconnue,
3) dans un pays où le *buddhadharma* n'est pas enseigné,
4) avec une maladie mentale ou avec des organes sensoriels altérés,
5) dans les régions infernales où la souffrance est ininterrompue,
6) dans le royaume des *preta* chez lesquels la faim et la soif insatiables empêchent tout engagement spirituel,
7) dans le monde animal où la discrimination entre le bien et le mal est absente,
8) comme une déité incapable de comprendre la nécessité de la vie religieuse en raison d'une longévité fabuleuse et de jouissances extrêmes.

Ces huit libertés, qui nous placent dans une position favorable au perfectionnement intérieur, font de ce corps l'égal d'un joyau exauçant les souhaits.

Les dix attributs

Ils signifient : être né
1) humain et ainsi à même d'achever sa propre libération,
2) dans un pays où le *Dharma* est florissant,
3) avec un corps sain et des facultés complètes,
4) sans avoir commis un des cinq crimes odieux : tuer son père, sa mère ou un *arhat* (destructeur de l'ennemi), verser intentionnellement le sang d'un Bouddha, causer un schisme dans le *Samgha*,
5) avec foi dans le *Dharma* et respect envers lui ;

à une époque où
6) un Bouddha est apparu,
7) un Bouddha a enseigné,
8) le *Dharma* est encore vivant,
9) il existe une communauté monastique proche ou un groupe de pratiquants capable de nous soutenir par leurs conseils,
10) il est possible de bénéficier de la protection de personnes compatissantes nous apportant une aide matérielle.

Ainsi, ce merveilleux outil muni de ces dix-huit caractéristiques nous permet, non seulement de façonner notre existence actuelle et d'obtenir un statut humain dans les vies à venir, mais aussi de nous élever spirituellement jusqu'à la libération et l'omniscience d'un Bouddha. Ce corps est comme un vaisseau apte à traverser l'océan du *samsara*. Puisque nous ignorons l'heure de la mort, utilisons-le dès maintenant. De même qu'une fleur s'épanouit sous certaines conditions, le précieux corps humain résulte d'un concours de causes et d'effets spécifiques qui sont la mise en application du *Dharma*.

La roue de la vie

5. La roue de la vie

Sur la reproduction ci-contre le démon femelle (de couleur rouge) qui tient la roue de la vie entre ses crocs représente l'impermanence. Au centre se trouvent trois animaux : un porc, un coq et un serpent symbolisant les trois poisons, l'ignorance, le désir et l'aversion. La bande qui les entoure comprend deux parties : la première, de couleur blanche, montre des personnes s'élevant vers la libération ; la seconde, noire, des êtres chutant vers les états inférieurs. Les cinq parties de la roue karmique se répartissent de la manière suivante : (**A+C**) représente le royaume des *deva* (dieu) et des *asura* (dieu jaloux), (**D**) le monde des humains, (**E**), (**B**) et (**F**) les domaines des *preta* (esprit affamé), des animaux et des enfers. Six *loka* (royaume d'existence) ont été décrits précédemment, toutefois, dans le texte original tibétain ayant servi de base à cet enseignement les *deva* et les *asura* sont réunis dans une seule région, aussi n'y a-t-il que cinq sphères.

Les *deva* connaissent d'indicibles tourments quand, après avoir joui d'une vie de plaisirs, les signes annonciateurs de leur fin prochaine se manifestent. Ainsi, sept jours avant leur trépas, leurs guirlandes de fleurs se fanent, leurs corps et leurs vêtements dégagent une odeur fétide, leurs trônes deviennent inconfortables et leurs amis s'éloignent d'eux.

Les *asura* livrent aux *deva* une lutte acharnée ; ils sont blessés, meurtris et trouvent souvent la mort dans ces combats incessants.

Les humains sont confrontés aux quatre grandes rivières de la souffrance : la naissance, la maladie, le vieillissement et la mort. En outre, la nature changeante des choses fait que le riche devient pauvre et le puissant faible. Le nanti craint le vol, la confiscation ou la perte de ses biens, le miséreux s'épuise dans la quête perpétuelle de sa subsistance. La recherche d'objets désirables, malgré une activité fébrile, n'aboutit que rarement, et l'on se trouve confronté le plus souvent à ce que l'on ne souhaite pas. Ainsi la vie se déroule en des préparatifs insignifiants, dans une aveugle fuite en avant. Mais, quand la mort surgit sans prévenir, vient alors l'heure des regrets et une amère sensation d'inaccomplissement.

Les animaux sont maltraités, massacrés pour leur chair ou leur peau, utilisés pour des tâches pénibles, chassés et dévorés par leurs semblables. Dans les océans et le monde souterrain, certains évoluent dans une complète obscurité.

Les *preta* naissent dans des lieux austères tels les déserts. La faim et la soif les tenaillent sans arrêt. Leur estomac est disproportionné, leur bouche aussi étroite que le chas d'une aiguille et leur œsophage aussi fin qu'un crin de cheval. Lorsqu'après maintes épreuves ils trouvent enfin quelque nourriture ou boisson, celle-ci se transforme en matières impures, excréments ou pus, pour lesquels ils s'entre-déchirent.

Les êtres des enfers sont torturés, entre autres, par la chaleur et le froid. Leur existence est si longue qu'elle semble interminable.

Si l'on divise les six destinées en trois *dhatu* (sphère d'existence), seuls les *deva* se répartissent dans les trois sphères alors que les classes d'êtres restantes habitent toutes le *kamadhatu*.

Où que l'on naisse dans ces formes d'existence, la souffrance prédomine. La nature du *samsara* est misère ; sa fonction est de fournir une base pour la diffusion de la misère et sa finalité d'attirer la misère future. De plus, toutes les situations sont soumises à la loi de causalité et donc aux influences karmiques.

A la périphérie de la roue se trouvent douze dessins qui se rapportent aux causes interdépendantes d'où dérivent toutes les formes d'existence.

En voici une brève explication :

1) <u>L'ignorance</u> est la cause principale d'une renaissance dans une des six destinées. Quoique le texte tibétain décrive une vieille femme aveugle, c'est un vieillard qui est parfois représenté.

2) <u>Les formations</u> : de même qu'un potier a besoin d'argile, d'eau et d'un tour pour façonner ses produits, divers facteurs comme le père et la mère sont nécessaires à la vie.

3) <u>La conscience causale</u> : pareille au singe sautant de branche en branche, en lâchant une pour en saisir une autre, la conscience se dirige et s'attache aux expériences imaginaires successives.

4) <u>Le nom et la forme</u> : comme la personne transportée dans une barque, la conscience prend place dans le corps.

5) <u>Les six sens</u> : les six ouvertures de la maison vide symbolisent les six portes de la perception.

6) <u>Le contact</u> : le dessin, qui montre deux personnes se serrant la main, diffère ici encore de la description donnée dans notre texte où le contact est illustré par un couple s'étreignant.

7) <u>La sensation</u> : plaisante, déplaisante ou indifférente, elle est issue du contact. Elle est figurée par une flèche fichée dans l'œil d'une personne.

8) <u>La soif</u> : de même que l'alcoolique cherche satisfaction dans la boisson, nous sommes toujours en quête d'expériences agréables, gratifiantes, et voulons éviter à tout prix les désagréments.

9) <u>L'attachement</u> : le désir d'obtenir les joies de l'existence prend ici la forme d'une personne cueillant des fruits.

10) <u>L'existence</u> est symbolisée dans le texte original par une femme enceinte ; notre représentation montre ici un rapport amoureux.

11) <u>La naissance</u> : on voit une femme qui enfante.

12) <u>La vieillesse et la mort</u> : la mort est illustrée par un cadavre que l'on emporte.

Dans le coin supérieur droit le Bouddha Shakyamouni se tient debout sur un nuage, la main gauche formant le *mudra* (geste) de protection (le secours qu'il apporte aux êtres des six royaumes), la main droite pointant vers la pleine lune dans le coin supérieur gauche. La pleine lune est une image de la pureté et incarne aussi la troisième des quatre nobles vérités, la cessation de la souffrance, telle que l'a décrite le Bouddha dans son sermon sur les quatre nobles vérités.

Les quatres nobles vérités

Les cinq parties de la roue de la vie dépeignant les différentes formes d'existence symbolisent la première noble vérité : *la vérité de la souffrance.*

Les trois animaux au centre de la roue représentent la deuxième noble vérité : *la vérité de l'origine de la souffrance.*

Les zones blanche et noire autour du moyeu évoquent les influences karmiques correspondant à toutes les actions accomplies antérieurement. Le pouvoir de l'ignorance (le premier des douze chaînons) contraint les êtres à des naissances répétées dans le *samsara*, lequel est maintenu dans la gueule et les griffes du monstre. Il sera impossible d'échapper à son emprise tant que la souffrance et sa cause n'auront pas été vaincues.

La pleine lune symbolise la purification, la troisième noble vérité : *la cessation de la souffrance.*

A ce propos, le texte tibétain dit :

« Le Bouddha debout montre la voie. Qui est attentif disciplinera "l'égo" par la mise en application du *Dharma*.
Il abandonnera le *samsara* et, finalement, mettra un terme à toute souffrance.

Evitez l'erreur,
Adoptez le bien,
Purifiez votre esprit.
Tel est l'enseignement de tous les Bouddhas. »

La voie juste vers la libération, la quatrième noble vérité, *le véritable chemin qui mène à la délivrance,* est figurée par le Bouddha Shakyamouni.

6. Les actions

En raison de nos actions nuisibles nous prenons naissance dans ce monde de détresse qu'est le *samsara*. Avant d'être en mesure de nous émanciper, nous devons éliminer les causes de notre servitude. Alors seulement, libres d'une conduite nocive, pourrons-nous essayer de toutes nos forces de mener une vie consacrée au bien.

L'aversion, le désir et l'ignorance constituent les trois poisons principaux sous l'influence desquels, d'une manière générale, dix actions non-vertueuses sont commises.

Les dix non-vertus sont :

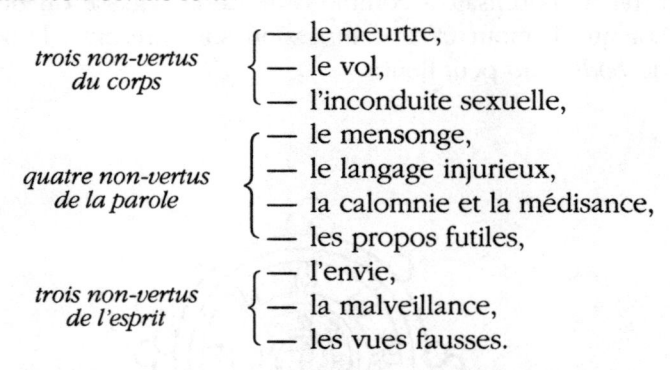

trois non-vertus du corps
- le meurtre,
- le vol,
- l'inconduite sexuelle,

quatre non-vertus de la parole
- le mensonge,
- le langage injurieux,
- la calomnie et la médisance,
- les propos futiles,

trois non-vertus de l'esprit
- l'envie,
- la malveillance,
- les vues fausses.

Les effets de l'une ou l'autre de ces actions (qui se manifesteront dans cette vie ou les prochaines) sont inévitablement douloureux. Par exemple, le meurtre affecte la durée de cette vie et est cause d'une renaissance dans les régions infernales.

A l'inverse, les actions vertueuses portent des effets heureux. Libres des trois poisons, les actions des trois portes mûrissent sous la forme de renaissances élevées. Ainsi, pour reprendre l'exemple ci-dessus, s'abstenir de tuer assure une longue vie.

Rejeter les mauvaises habitudes et adopter une conduite juste mènera finalement au plein éveil du Bouddha. De même, les actions neutres accomplies quotidiennement devraient être transformées. En mangeant, nous devrions être animé par *bodhicitta* et penser que nous nous nourrissons uniquement dans le but d'avoir un corps sain, qui nous permettra d'œuvrer dans l'intérêt d'autrui.

L'illumination se construit sur une base formée de causes spécifiques sans rapport avec les perturbations et une mauvaise compréhension tout comme une riche moisson de riz dépend d'un climat chaud et de terres bien irriguées mais ne se développe pas en plein hiver. Toutes les conditions doivent être favorables.

Aussi, l'amour bienveillant et la grande compassion envers tous les êtres vivants ne peuvent se développer que sur un terrain fertile et sont les facteurs essentiels à chaque étape de la voie graduée. Ils forment la cause unique de *bodhicitta,* de l'état de bodhisattva comme celle de la sagesse du Bouddha. Lorsque l'amour et la compassion sont présents, la semence de *bodhicitta* peut fleurir.

7. L'amour

Quelle est donc l'essence de l'amour ? C'est l'aspiration au bonheur d'autrui. Pensons à la bonté de notre mère et à celle dont ont fait preuve à notre égard tous les êtres, dans cette position, au cours des innombrables existences que nous avons traversées dans les six destinées.

Les bienfaits que notre mère nous a dispensés sont illimités. Tout d'abord, elle nous a porté neuf mois dans son sein, ne se préoccupant pas de la douleur ni des risques de l'enfantement. Nourrisson, alors que nous gisions impuissant, elle a tendrement pris soin de nous. Elle nous couvait du regard et nous dorlotait en chantonnant doucement. Elle nous a nourri et vêtu, nous a protégé des dangers de la vie et éduqué. Elle a sacrifié son propre bien-être pour se consacrer à nous, s'efforçant toujours de nous placer dans les meilleures conditions. Il est rare, dans ce monde, d'entendre prononcer le nom des Trois Joyaux et, si nous avons la chance de rencontrer et de pratiquer l'enseignement, profitable dans cette vie et les suivantes, c'est à notre mère aimante que nous le devons.

Notre mère ne l'est pas seulement dans cette vie présente mais l'a été aussi maintes fois dans le passé où elle nous prodigua toujours la même tendre attention. Combien de fois a-t-elle mendié pour nous nourrir? Combien de fois a-t-elle perpétré des actions pernicieuses pour notre bien? Combien de fois a-t-elle sacrifié sa vie pour nous? En d'autres temps elle a aussi été notre père, parent(e), amant(e), ami(e). Même en lui offrant un univers couvert d'or nous ne pourrions la payer de retour pour sa bienveillance.

Pourtant, l'heure est venue de nous y préparer. Quelle meilleure chose à offrir que le bonheur? Mais nous n'avons pas ce pouvoir, aussi prions pour elle et méditons afin de développer un sentiment d'amour spontané. Ensuite, nous étendrons ce sentiment à nos proches, à nos voisins, à nos amis et ennemis, enfin à tous les êtres sans exception. Ultérieurement, nous entreprendrons la même réflexion en ce qui concerne notre père jusqu'à ce que s'élève pour lui un amour égal à celui que nous éprouvons pour notre mère.

L'amour pour nos ennemis

Le plus difficile est d'engendrer de l'amour pour nos ennemis. Voici comment procéder : rappelons-nous, comme nous l'avons vu précédemment, que dans ce *samsara* sans commencement notre ennemi actuel a été auparavant notre parent bienveillant et que nous ne lui avons jamais rendu son affection. C'est pour cette raison qu'il nous apparaît à présent comme un adversaire et, d'une certaine manière, nous remet en mémoire notre dette à son égard. Aveuglé par l'ignorance et incapable de l'apprécier, chacun voit le mal en l'autre. En réalité, nous sommes très proches, tels une mère et son enfant, car en de multiples circonstances nous nous sommes entraidés. Même dans la situation antagoniste actuelle nous nous aidons car le simple fait de la reconnaître nous porte à engendrer le désir de nous perfectionner et de nous libérer des perturbations.

Essayons donc d'aimer comme notre propre mère notre ennemi supposé. Cela peut être bien difficile au commencement ; il faudra alors considérer les désastreuses conséquences de la haine et de l'animosité.

Clamer que l'on est un adepte du *Mahayana* tout en continuant de haïr ses ennemis témoigne de la pire ignorance. La malveillance n'affecte pas vraiment ceux que nous détestons, mais elle nous nuit personnellement. Si nous n'écrasons pas l'ennemi intérieur (les perturbations) les ennemis extérieurs resteront innombrables. Par contre, une fois le premier vaincu, les seconds cesseront de se manifester et nous vivrons en paix.

Telle est la manière de réfléchir. Dès l'instant où nous verrons en nos ennemis nos parents bien-aimés nous aurons atteint la vue correcte de cette méditation. C'est pourquoi nous devons étendre notre méditation à tous les êtres. Dans nos activités quotidiennes essayons de satisfaire le pauvre, de protéger et de sauver la vie des animaux, de toujours nous exprimer avec douceur et bienveillance.

La base du *Mahayana* est l'amour qui facilite le développement de la compassion (*karuna*). Pour cette raison, la méditation sur l'amour est de la plus haute importance.

8. La compassion

Dans un soutra, le bodhisattva Avalokiteshvara dit :
« Celui qui aspire à la plénitude n'a pas à suivre de nombreuses pratiques. Une seule lui suffit : c'est la grande compassion (*mahakaruna*). »

Les qualités d'un Bouddha accompagnent toujours le bodhisattva, où qu'il se rende. L'objet de la grande compassion est l'ensemble des êtres, et sa nature est le souhait que tous se séparent de la souffrance. Dans la méditation on réfléchira à la tendresse que nous ont prodiguée nos mères dans toutes les situations du *samsara* et aux tourments volontaires qu'elles ont endurés pour notre bien. Nous devons leur rendre cet amour. Pour elles, le plus grand des bienfaits serait la libération complète de la souffrance et de ses causes. Or, elles sont encore actuellement enserrées dans un réseau de difficultés, plantant même les graines de tourments futurs. C'est pourquoi nous devons nous éveiller à une profonde compassion. "Qu'elles soient sauvées", telle devrait être notre unique pensée.

Nous devons supplier les Gourous et les Trois Joyaux, les Bouddhas et bodhisattvas de nous donner la capacité de matérialiser ce vœu, car eux seuls ont le pouvoir de répondre à nos prières. Appliquons-nous aussi longtemps qu'il le faut, jusqu'à ce que naisse une compassion spontanée embrassant tous les êtres, en particulier nos ennemis ; jusqu'à ressentir nous-mêmes les tourments des différentes destinées, en comprenant que toutes sont issues d'un mauvais *karma*, ayant lui-même l'ignorance pour cause première. De cette façon, par la réalisation de *mahakaruna*, s'ouvre la porte d'accès à *bodhicitta*.

9. Bodhicitta

Peut-on accéder à l'illumination par l'abandon de la non-vertu et l'exercice de l'amour et de la compassion ? Il faut répondre que si ces pratiques sont sans aucun doute très utiles à notre progrès sur la voie, elles sont cependant insuffisantes en elles-mêmes pour atteindre le but ultime. En effet, tant que la croyance en un "soi", à "l'égo", n'est pas éliminée, la souffrance réapparaîtra comme une mauvaise herbe. Elle ne sera extirpée que si nous déracinons cette croyance. Les maux du *samsara* prennent leur source dans le *karma*, celui-ci naît de l'impureté et cette dernière de la croyance à "l'égo".

Un exemple pratique nous montrera comment "l'égo" produit l'impureté. De même qu'il peut nous arriver dans la pénombre de confondre une corde avec un serpent, l'ignorance nous entraîne à surimposer l'existence d'un "égo" ou "soi" permanent, réel, là où il n'y a rien de tel. Adoptant cette vision, nous *discriminons* entre "soi" et "autrui", nous *attachant* au premier et nous *dressant* contre le second. C'est pourquoi nous *restons dans l'ignorance de la vraie nature des phénomènes.*

Les trois impuretés

En bref, trois impuretés nous habitent: (1) l'amour de soi, (2) l'aversion pour les autres et (3) l'ignorance de la vraie nature des choses. Tant que ces impuretés domineront nos activités nous errerons indéfiniment dans le *samsara*.

Ainsi, le mal est créé dans sa totalité par la conception d'un "soi". Qui veut quitter le *samsara* doit considérer le "soi" comme le seul véritable ennemi. Le vaincre dépend de la mise en application des deux aspects de *bodhicitta*, relatif et ultime, mentionnés auparavant. *Bodhicitta* relatif refoule "l'égo" et *bodhicitta* absolu élimine les racines de "l'égo". Cette méthode est donc d'une très grande ampleur.

Un soutra déclare que si les mérites de la pratique de *bodhicitta* venaient à prendre forme, l'univers ne suffirait pas à les contenir. Celui qui est animé par *bodhicitta* est transformé, ses actions deviennent celles d'un fils de Bouddha.

Bodhicitta a cinq caractéristiques :

elle s'apparente,
1) à la pierre philosophale, car elle transmue en or le vil métal de notre corps,
2) au joyau qui exauce les désirs, car elle dispense ses bienfaits à celui qui l'a trouvée,
3) à l'arbre céleste de Jambu, car elle est toujours chargée des fruits de la vertu,
4) à un vaillant guerrier, car elle anéantit toutes les fautes,
5) au grand feu de la fin d'une période cosmique, car elle brûle toutes les impuretés.

Bodhicitta (dont la nature ultime est d'être au-delà du *samsara* et du *nirvana*, son aspect conventionnel étant l'aspiration à l'illumination pour conduire les êtres à ce même stade) est si rare que même Indra, Brahma ou les autres dieux et les saints du *Hinayana* en sont dépourvus. Si la pensée de soulager le mal de tête d'une seule personne est extrêmement méritoire, que dire de la pensée d'illumination dont le but est d'éliminer les souffrances de tous !

Bodhicitta est issu de la compassion qui, elle-même, possède l'amour comme racine. Pour cette raison, nous devons générer un pur amour qui engendrera ensuite le désir de libérer tous les êtres de la souffrance et de leur procurer l'expérience du bonheur.

Cependant, à l'heure actuelle, nous n'avons pas les moyens de réaliser ce souhait. Seuls les Bouddhas omniscients qui ont *bodhicitta* comme motivation, peuvent prétendre exaucer les désirs des migrants et les guider, selon leurs diverses inclinaisons, sur les voies des *shravaka*, des *pratyekabuddha* ou des Bouddhas.

La méditation proprement dite

Tous les êtres, nos parents bien-aimés, souhaitent le bonheur ; mais dans leur quête, ignorant les moyens d'y parvenir, ils ne produisent souvent que les causes de nouvelles souffrances plus terribles encore. Aveuglés, ils sont la plupart du temps incapables de rechercher le Gourou qui les conseillerait avec sagesse et, au lieu de gravir le sentier de l'éveil, ils s'enfoncent vers les abîmes des mondes inférieurs.

Nous ne devons pas nous contenter d'éprouver pour eux de la compassion mais nous efforcer de mettre fin à leurs épreuves ; conscient que ce pouvoir ne réside que chez les Bouddhas, aspirons à atteindre leur réalisation. Car un simple rayon de lumière issu du corps d'un Bouddha libère d'innombrables êtres, un seul de ses propos allège leurs tourments.

Même si, pour quelque raison, nous ne pouvons méditer, cultivons sans cesse la pensée d'accéder au plein épanouissement pour le bien d'autrui, offrant pour cela des prières aux Gourous et aux Trois Joyaux. La personne animée par cette sublime pensée ne doit jamais agir en vue d'un profit personnel, mais exclusivement pour celui de ses semblables, puisque c'est l'égoïsme qui nous a contraint à errer dans le *samsara* jusqu'à ce jour.

Le "moi" que nous croyons réel, pour lequel nous agissons avec attachement ou aversion, est fabriqué de toutes pièces ; à aucun moment il n'a existé comme nous le concevons ; tel est l'ennemi véritable, la cause de nos maux.

Certes, il n'est pas possible de modifier notre attitude d'un seul coup ; on commencera donc par développer l'équanimité pour tous, ce qui nous rendra apte à une transformation intérieure graduelle. C'est à partir de cette base que nous nous préparerons à apporter un soutien spontané aux tentatives de perfectionnement de notre prochain.

A ce point, un doute pourrait surgir : serait-ce à chacun d'éliminer sa propre souffrance ? comment une personne pourrait-elle se charger d'ouvrir la voie à une autre ? Si nous avons une épine dans le pied, nous n'allons pas refuser d'utiliser la main pour l'enlever, en raisonnant *ad absurdum* que le pied et la main sont différents. Nous les considérons en effet comme des parties exécutant diverses fonctions d'un tout cohérent, le corps. De même, amis, ennemis et êtres indifférents appartiennent comme nous au même "corps" : l'humanité. Leurs sentiments et les nôtres, leurs aspirations et les nôtres sont identiques. Aussi devrions-nous agir pour eux de la même façon, avec la même ardeur que pour nous. Et si l'on nous objecte que les parties individuelles du corps se rapportent à une même entité alors que soi et autrui sont en tous points étrangers, nous répondrons que, dans ce cas, il faudra aussi considérer le pied comme distinct de soi, car nous ne disons pas "moi-pied", mais "mon pied" !

De même croire que nous ne pouvons aider autrui relève d'une attitude erronée, car la force de l'altruisme nous fera progresser à coup sûr vers nos objectifs. Pensons ainsi :

> *" Comme l'espace sans limites, les êtres sont innombrables. C'est pour eux que je dois atteindre le plein éveil. Mais celui-ci n'est pas réalisé tant que prévaut la conception d'un "soi". C'est pourquoi l'attachement à cette illusion doit être éliminé. Je dois suivre le chemin des bodhisattvas en aimant autrui comme je me suis chéri et continue de me chérir. Mais ceci n'est pas encore suffisant. Pour obtenir promptement la plénitude, je dois transformer complètement mon attitude habituelle et chérir autrui plus que moi-même par la méthode consistant à échanger mon bonheur, mes vertus et mes biens contre le malheur, les mauvaises qualités et la pauvreté de la majorité des êtres. "*

Le plein épanouissement est au prix de cette révolution. En regard de la nourriture, des vêtements, des possessions ou des privilèges, en ne pensant qu'à soi on se trouve sans cesse mêlé à des situations conflictuelles. De simples propos sont source de malentendus et de querelles. Il n'est pas rare d'assister pour des futilités à la dégradation des rapports entre parents ou amis de longue date. Nous devons aux autres toutes les joies dont nous jouissons. Il est donc naturel qu'en reconnaissant cette dette, nos actions soient désormais dirigées vers leur bien-être. Un état d'esprit d'abnégation fera de chacune d'elles un pas vers l'illumination.

Et si la pensée de prendre sur soi les souffrances d'autrui nous effraie, rassurons-nous : nous n'aurons pas à les endurer ; par contre cet idéal est en lui-même porteur d'immenses bienfaits pour soi et les autres. De plus, en nous y accoutumant dès maintenant, nous deviendrons vraiment capables de nous sacrifier et d'offrir sans hésitation notre vie quand ce sera nécessaire. Tous les bodhisattvas sur la route de l'éveil ont agi ainsi. Si nous nous étions dévoués pour nos semblables, nous aurions depuis longtemps atteint notre objectif personnel, la grande béatitude inséparable de la pleine illumination.

Pour la méditation proprement dite, appliquons encore la technique appelée *"Tonglen"*, "prendre et donner". Commençons par imaginer notre mère en cette vie : frappée par la douleur, elle en porte les causes. Evoquons ensuite sa bonté sans limites. Qu'est-ce qui pourrait la satisfaire ? Le bonheur dans l'immédiat et l'exercice du bien dont elle bénéficiera à long terme. Nous devons les lui offrir sans attendre, lui transférer toutes nos qualités et vertus. C'est pour elle que nous nous efforçons d'obtenir le rang d'un Bouddha, une réalisation inaccessible jusqu'à ce jour en raison de l'attitude égoïste dont nous avons toujours témoigné. Depuis cet instant, consacrons-nous à l'éradication de la croyance au "soi", bannissons de notre conduite toute tentative pour l'encenser.

Puis, imaginons que ses maux jaillissent du cœur de notre mère ; ils sont absorbés dans notre cœur, détruisant l'attachement que nous éprouvons pour nous-mêmes. Le bonheur et sa cause irradient maintenant de notre cœur comme les rayons du soleil levant et sont absorbés dans son cœur. Toutes les conditions propices à l'exercice et à la réalisation du *Dharma* se trouvent réunies pour elle. Elle s'en réjouit et, de-même, nous participons à sa joie.

Reprenons plusieurs fois cette technique, puis étendons-là progressivement aux amis, à ceux qui nous sont indifférents et aux ennemis, enfin à tous les êtres des trois mondes. Quand les difficultés s'abattent sur nous, rappelons-nous que beaucoup d'autres souffrent de la même façon. Personne n'accueille ces épreuves avec plaisir, aussi faisons en sorte de les soulager. Soyons conscient du fait que les difficultés constituent un test de la qualité de notre pratique et nous permettent de progresser. Sans elles, plongés dans les joies profanes, nous n'aurions sans doute pas la moindre aspiration à sortir du *samsara*. De plus, grâce à elles nous brûlons dès maintenant les mauvais résultats de nos actions nuisibles, résultats que nous n'aurions pas manqué de rencontrer dans d'autres vies.

Ainsi, cette méthode n'a que des avantages car elle transforme toutes les conditions adverses en moyens d'obtenir le plein épanouissement.

" *Puisse la misère des trois mondes mûrir en moi et mes mérites être partagés par tous les êtres.*

Grâce à cette vertu puissent les chercheurs de vérité entrer sur la voie sublime.

Puissent-ils, eux et tous les êtres, atteindre le bonheur de l'éveil ! "

10. Shamatha et vipashyana

Shamatha (calme continu)

Il s'agit de la méditation ayant pour objectif la tranquillité mentale. Sur le dessin en page 76 les six courbes du chemin représentent les six pouvoirs de l'audition, de la réflexion, de la mémoire ou attention, de la vigilance, de l'énergie (*virya*) et de l'accoutumance. Le crochet (4) et la corde (3) que tient le méditant symbolisent respectivement la mémoire et la vigilance. L'éléphant (6) se rapporte à l'esprit et sa couleur noire à la torpeur ou opacité mentale; le singe (7) qui le mène, à la dispersion et son pelage sombre à l'agitation. Les cinq sens, tactile, gustatif, olfactif, auditif et visuel sont figurés, dans l'ordre, par une écharpe de soie, des fruits, une conque remplie d'eau, des cymbales et un miroir. Ces objets provoquent l'agitation.

Le premier stade de développement, appelé placement de l'esprit (2), correspond à la fixation initiale sur l'objet de méditation. Il est atteint par l'intermédiaire du premier pouvoir: l'écoute des instructions du maître relatives à l'orientation mentale (1).

Du premier au septième stade les flammes que l'on voit dans la partie inférieure gauche de l'image (5) diminuent progressivement. Elles signifient que la nécessité d'une application des pouvoirs de la mémoire et de la vigilance s'avère de moins en moins fréquente.

Le second stade, appelé consolidation (8), est caractérisé par le prolongement de la fixation sur l'objet. Il est atteint par le

Le chemin de shamatha

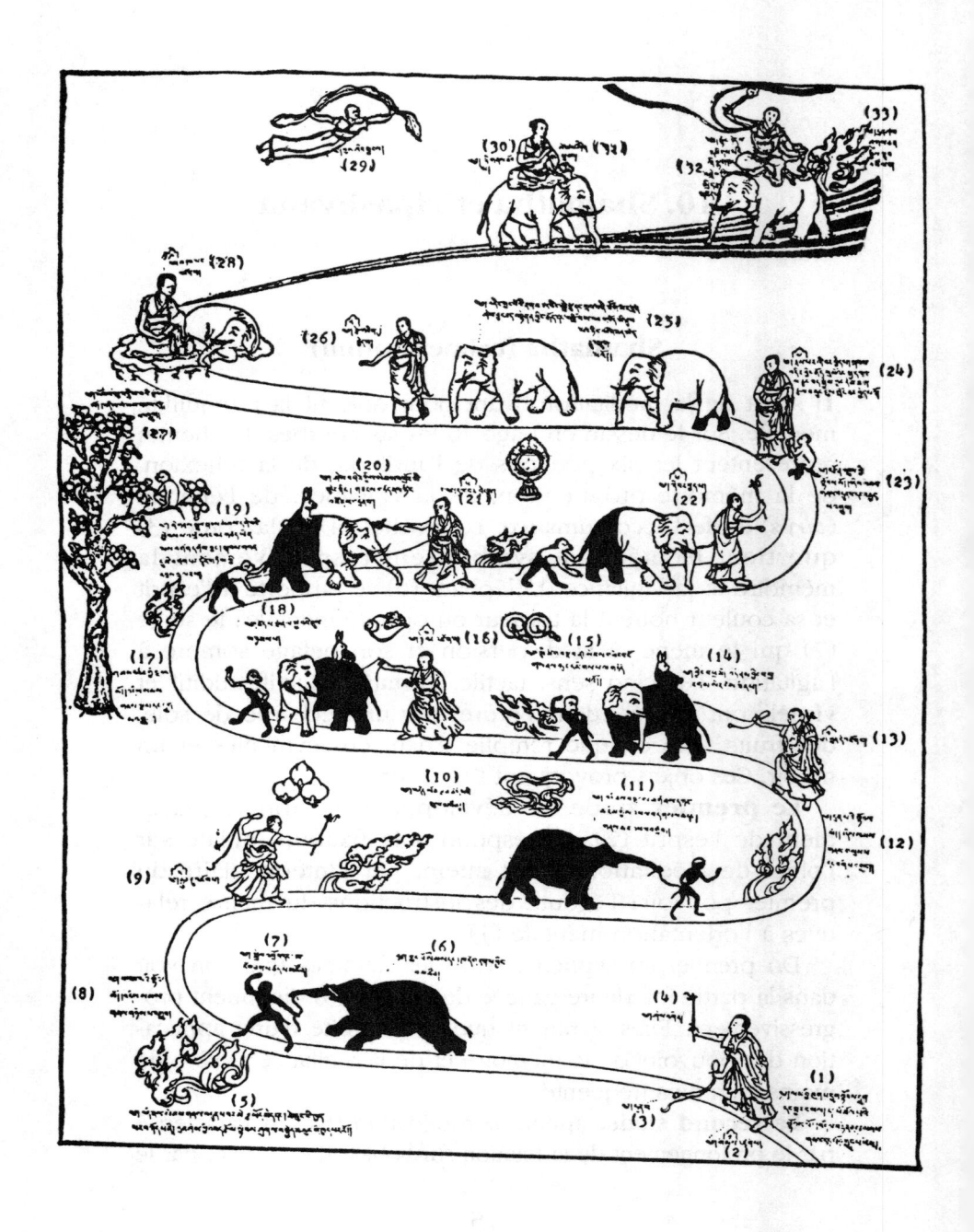

pouvoir de la réflexion ou l'examen des instructions. A partir de ce moment, la couleur noire des animaux disparait peu à peu : la clarté de l'esprit et la durée de la concentration s'accroissent.

Au troisième stade, celui du replacement ou consolidation imparfaite (13), le méditant a la capacité, en cas d'interruption due à la torpeur ou à l'agitation, de ramener l'esprit sur son objet..

Le quatrième stade, celui du placement soutenu ou complète consolidation (16), donne le pouvoir de revenir très rapidement à l'objet.

Ces deux phases sont atteintes grâce au pouvoir de la mémoire (12). Au troisième stade, un lièvre (14) apparaît sur le dos de l'éléphant; il illustre l'opacité subtile que le méditant est alors à même de distinguer de son aspect grossier. Le regard vers l'arrière (15) des animaux indique l'aptitude à retourner à l'objet après avoir reconnu la distraction.

Au cinquième stade, celui de la discipline (21), naît le pouvoir de revivifier ou de clarifier l'esprit en cas d'opacité subtile survenant par suite d'un effort de concentration trop intense.

Le sixième stade, celui de la pacification (18), permet de supprimer l'agitation subtile née d'une réaction trop vive à l'opacité subtile. L'agitation a cessé de prédominer. Le singe est passé derrière l'éléphant, lequel suit docilement le méditant.

Durant la méditation de *shamatha* proprement dite, les pensées vertueuses constituent des obstacles ; elles doivent être bannies, étant entendu qu'on les cultivera en dehors de cette période, ce que représente le singe cueillant les fruits d'un arbre placé au bord du sentier (19). Le pouvoir de la vigilance (17), qui s'oppose à la distraction, assure la réalisation des cinquième et sixième stades, dirigeant l'esprit vers l'obtention d'un état d'absorption.

Au septième stade, celui de l'entière pacification (24), la torpeur et l'agitation subtiles n'apparaissent que rarement et sont vite jugulées.

Au huitième stade, celui de la focalisation ou unification (26), la concentration se déroule sur un point sans interruption. La simple application de la mémoire et de la vigilance en début de séance suffit à garantir une fixation sans faille, aucune perturbation n'ayant le pouvoir de l'interrompre.

Ces deux phases sont atteintes par le pouvoir de la persévérance (23). Le singe a disparu, l'éléphant, débarrassé de la torpeur, est devenu blanc (25).

Le neuvième stade, celui de l'égalité (28), est un état de fixation naturelle sur l'objet pour lequel aucun effort n'est requis ; ceci le distingue du précédent, qui demandait une certaine application. Cette phase est atteinte grâce au pouvoir de l'accoutumance (27).

Poursuivant sa méditation, le pratiquant expérimente un intense plaisir physique (29), générant une félicité extraordinaire (31). Chevauchant l'éléphant, il accède **véritablement à *shamatha*** (30). Muni d'une attention et d'une vigilance remarquables (33) (illustrées par les flammes) il est alors en mesure d'entreprendre l'analyse de ***shunyata*** (la nature ultime des phénomènes) en vue de trancher les racines du *samsara* avec l'épée de sagesse au moyen d'une méditation combinant ***shamatha*** et ***vipashyana*** (32).

La méthode de réalisation de *shamatha* est exposée dans de nombreux ouvrages parmi lesquels on peut citer *Madhyantavibhanga* (La Discrimination entre le Milieu et les Extrêmes) et *Mahayanasutralamkara* (L'Ornement des Soutras du *Mahayana*) du Protecteur Maitreya, *Bhavanakrama* (Les Etapes de la Méditation) de Kamalashila et les textes brefs et développés du *Lam Dré* (Le Sentier et ses Fruits : voir page 174) par Sakya Pandita.

Vipashyana (vision pénétrante)

Il s'agit du fondement de la sagesse correcte, l'essence de l'enseignement du Bouddha, la préparation à l'intelligence tout embrassante. Si l'on s'est appliqué au développement de *shamatha* avec la motivation propre aux adeptes du *Mahayana*, l'unification de l'esprit qui en résultera sera accompagnée d'une joie intense. Cette joie aura pour nature *bodhicitta*. Telle est l'expérience des bodhisattvas.

Dans le *Bodhisattvacaryavatara* (L'Engagement dans la Conduite des Bodhisattvas) Shantideva écrit (IX.1) :

« Toutes ces pratiques (des cinq premiers *paramita*) le Bouddha les a enseignées en vue d'acquérir la sagesse. Par conséquent, ceux qui désirent apaiser la souffrance doivent engendrer la sagesse. »

Sans sagesse, l'attachement au "soi", cause de tous les maux, ne peut être anéanti. Aucune forme d'application (ni l'exercice des *paramita,* ni la méditation sur *shunyata*) ne sera profitable tant que la sagesse nous fera défaut.

Un texte du *Prajñaparamita Sutra* dit :

« Comment une grande foule d'aveugles qui ne connaît pas la route arrivera-t-elle à destination sans l'aide d'un guide ? De même, celui qui est dépourvu de sagesse est pareil à cette troupe d'aveugles : privé de guide il ne pourra atteindre l'éveil. »

L'Abhidharmakosha (Le Trésor de Métaphysique) de Vasubandhu explique que :

« La personne à laquelle manque l'intelligence discriminante n'a aucun moyen d'éliminer la souffrance. Elle demeure exposée aux dangers inhérents au *samsara*. C'est pourquoi le Bouddha a dispensé le *Dharma*. »

En outre, l'Acharya Saraha nous apprend :

« Celui qui médite sur *shunyata* sans se préoccuper de *mahakaruna* ne découvrira pas la sainte voie. Mais, peut-on se libérer du *samsara* seulement grâce à *mahakaruna* ? La réponse est non. L'absence de sagesse rend un esprit incapable d'extirper les idées fausses, lesquelles se manifestent principalement dans la conception du "soi". Ceci n'est donc pas le chemin menant hors du *samsara*. »

Et Shantideva affirme également dans le *Bodhisattvacaryavatara* (IX.50cd/51) :

« Un esprit auquel manque la compréhension de *shunyata* appréhende (encore une existence réelle) en (concevant) des objets (comme intrinsèquement existants). Bien que ses (manifestations de conception erronée) aient cessé (momentanément), elles réapparaîtront (de la même manière). Comme (dans le cas) de l'absorption méditative de non-discernement (où les conceptions erronées sont provisoirement stoppées pour ressurgir après la période d'absorption). Par conséquent, on devra méditer sur *shunyata*. »

Dans le *Siksasamuccaya* (Le Compendium des Entraînements), Shantideva ajoute que les plus hautes vertus naissent du travail sur *shunyata* et *mahakaruna*; celui qui recherche la bonté, l'érudition et la sagesse doit cultiver le "non-soi" et la compassion s'appuyant sur *shamatha* qui confère une excellente attention. C'est la seule façon d'arracher les racines de la douleur. Toutes ces méditations sont incluses dans la voie générale progressive.

Le même texte déclare encore que la réalisation de *shunyata* dépend d'une vaste accumulation de vertus, de faibles mérites rendant cette expérience très improbable. Il conclut cette instruction par une mise en garde : la perception de *shunyata* n'est pas suffisante en elle-même pour se hisser au dessus du rang d'un *shravaka* ou d'un *pratyekabuddha*.

Un texte du *Prajñaparamita Sutra* dit :
« Aussi longtemps que la cause première de toutes les qualités n'est pas pleinement développée, la compréhension de *shunyata* reste inaccessible. »

Et, dans le même ordre d'idée, Sakya Pandita ajoute :
« Les *shravaka* méditent sur *shunyata* mais n'en récoltent pas les fruits. C'est la raison pour laquelle il est dit que l'exercice simultané de la méthode (compassion) et de la sagesse est l'essence de la voie du *Mahayana*. »

Comment **méthode et sagesse** peuvent-elle être pratiquées en même temps ? Choisissons un site retiré pour y exercer notre méditation. Là, assis confortablement, prenons refuge dans le Gourou et les Trois Joyaux. Offrons-leur des requêtes ferventes et méditons intensément sur *mahakaruna* jusqu'à ce que naisse *bodhicitta*. Orientons alors notre pensée sur la pratique de *shamatha*; après un court moment, pensons ainsi :

> *« La spécificité de la nature de l'esprit est sa luminosité originelle. Cependant, l'activité mentale restrictive m'a toujours tenu éloigné de cette vérité. L'approche de shunyata se distingue par une profonde contemplation dénuée d'attachement et d'imagination, tandis que mon erreur par rapport à la dissolution des composés se manifeste par la saisie d'un "soi" ou "égo" et par la conception de sa permanence et de son existence réelle. Je me trouve ainsi prisonnier d'une errance indéfinie dans les destinées du samsara. La conception et l'attachement innés au "soi" constituent une terrible erreur qui fait obstacle à la vision de la vérité. Aussi, est-il très important de suivre les leçons du saint Gourou dispensateur des enseignements des Bouddhas passés, présents et à venir. Car leur doctrine a le pouvoir de pénétrer le mystère de l'esprit. »*

L'union de shamatha et de vipashyana

Au cours de l'exercice de *shamatha*, les pensées étaient interdites. Dans la pratique de *vipashyana*, la sagesse discriminante est cultivée et tous les doutes anéantis. Il faut à chaque instant être éveillé au fait que l'accomplissement proprement dit de la méditation, la méthode de méditation et le méditant n'ont absolument aucune existence réelle, aucune nature propre, et ne pas dévier de cette claire connaissance. Animé par l'aspiration altruiste à l'illumination, l'esprit est focalisé sur la nature unique de *shamatha* et de *vipashyana*.

> *« Voguant sur l'océan des deux accumulations*
> *Que le vaisseau orné des gemmes de la divine sagesse*
> *Atteigne la terre lointaine de l'éveil pour le bien d'autrui.*
> *Que la splendeur du Bouddha omniscient*
> *Diffuse la lumière de la félicité éternelle. »*

11. Les six paramita (perfection)

Le bodhisattva qui souhaite devenir un Bouddha doit pratiquer les *paramita*. Ce sont les perfections :
1) de générosité (*sct. : dana ; tib. : jinpa*),
2) d'éthique (*sct. : shila ; tib. : tsultrim*),
3) de patience (*sct. : kshanti ; tib. : seupa*),
4) de persévérance (*sct. : virya ; tib. : tsondru*),
5) de méditation (*sct. : dhyana ; tib. : samten*),
6) de sagesse (*sct. : prajña ; tib. : shérab*).

1. Le paramita de générosité

Il est exercé de quatre manières :
◊ le don de biens matériels,
◊ celui du *Dharma*,
◊ celui de protection,
◊ celui d'amour.

Le don de biens matériels

Satisfaire les besoins de nourriture et de vêtements des autres constitue son aspect le plus aisément réalisable, le plus difficile étant d'offrir sa propre vie, ses yeux, sa chair, comme l'ont fait les grands bodhisattvas. Les objets donnés ne sont pas eux-mêmes le don, mais ses moyens. La générosité réelle est la détermination d'abandonner sans avarice ses possessions. Donc, un homme démuni de tout peut très bien l'exercer car elle dépend de l'état d'esprit et non des choses dont on se sépare. Au commencement, il arrive bien souvent que l'on se sente mal à l'aise à la simple idée de se défaire de quelque objet, mais quand le *paramita* du don est parachevé, on n'éprouvera aucune réticence à abandonner jusqu'à son propre corps. Cette pratique demande une très forte aspiration au bien d'autrui et l'élimination de toute pensée égoïste comme, par exemple, le désir de réputation.

Le don du Dharma

C'est transmettre le *Dharma* avec une pensée immaculée. Cette forme de don est plus profonde et durable que la première dont la portée est limitée dans le temps. Les biens matériels n'empêchent pas la souffrance tandis que le *Dharma*, faisant s'ouvrir l'œil de sagesse, contribue à sa disparition même en cas de pauvreté. Les bodhisattvas qui s'exercent en vue du plein épanouissement s'efforcent de dispenser continuellement le *Dharma*.

Le don de protection

C'est la pratique consistant à sauver autrui et à le préserver des dangers.

Le don d'amour

C'est cultiver le souhait que les êtres connaissent le bonheur.

Ces différents aspects de la générosité sont bénéfiques de deux façons, à soi-même et aux autres. Mais offrir en ayant en vue son profit personnel n'est qu'un simulacre de libéralité.

2. Le paramita d'éthique

Il comporte trois aspects :
- ◊ protéger des actions nuisibles les trois portes du corps, de la parole et de l'esprit : la tendance aux comportements défavorables doit être jugulée,
- ◊ protéger autrui de telles actions : par exemple, montrer les conséquences indésirables liées au fait de prendre la vie des animaux,
- ◊ s'exercer à la vertu qui nous tient naturellement éloignés du mal.

3. Le paramita de patience

Il comporte trois facettes :
- ◊ le refus de nuire,
- ◊ l'acceptation de la souffrance,
- ◊ la patience dans la pratique du *Dharma*.

Le refus de nuire

C'est ne pas réagir avec colère ni chercher à se venger d'une personne qui nous nuit. Ne nous soucions pas des maux physiques ou moraux que nous infligent nos semblables.

L'acceptation de la souffrance

Notre première réaction devant la douleur est de nous tourner vers un individu ou une chose extérieure considérée comme en étant la cause. Il se peut que l'un ou l'autre constitue la raison immédiate de nos désagréments, mais la cause profonde est à rechercher dans nos propres actions passées dont les effets finissent toujours par nous revenir. Quand la graine de la souffrance a été semée elle doit nécessairement croître et arriver à maturation. C'est en réfléchissant de cette manière que nous réduirons le pouvoir de la douleur sur nous.

Il faut commencer par accepter de petites nuisances pour être plus tard capables d'endurer de grands maux pour le bien des êtres. Un bodhisattva se charge sans frémir des plus pénibles tourments. D'un point de vue religieux, répondre au mal par le mal est insensé ; au lieu de le soulager cela l'intensifie par la création de nouvelles actions négatives. Quand on nous insulte, les paroles de notre interlocuteur sont le moyen de l'injure ; ces paroles sont prononcées par lui, mais il est sous l'emprise de ses perturbations, en l'occurrence de la colère. Notre ressentiment devrait donc avoir la colère elle-même pour objet, et non l'individu.

Entre les nations le processus est identique. Lorsqu'un pays en agresse un autre, si le second part en guerre contre le premier, il agit comme une personne affamée qui absorberait du poison pour apaiser sa faim. Si chacun s'exerçait à la patience le monde connaîtrait la paix. Mais que l'on rende un coup et voilà mise en place une chaîne de réactions infinies. A l'opposé, si nous nous montrons patient, notre attitude rejaillira sur celle de notre adversaire. Illustrons ceci par un autre exemple : il est impossible de débarrasser un mauvais chemin de tous les cailloux et aspérités dont il est jonché, mieux vaut porter de solides chaussures ! De même, on ne peut réduire tous ses ennemis ni éliminer toutes les conditions adverses. La patience est donc la meilleure des protections.

La patience dans la pratique du Dharma

Elle consiste à supporter sans colère les désagréments que peuvent engendrer la méditation et, sur un plan plus général, la mise en œuvre de l'enseignement, sans permettre à aucune interférence de nous éloigner de notre pratique.

4. Le paramita de persévérance

C'est l'enthousiasme dans le bien. Il comporte trois aspects :
- ◊ la persévérance dans le *Dharma,*
- ◊ la persévérance qui protège contre la lassitude,
- ◊ la confiance dans nos capacités.

La persévérance dans le Dharma

Cette forme d'énergie s'oppose à l'attirance pour les objets sans réel intérêt. Si nous éprouvons un fort désir pour les activités profanes, inutile de dire que notre engagement s'en ressentira. Il est certain que nous devons veiller à l'accomplissement des tâches quotidiennes, mais pas au point de les préférer à l'actualisation de ce qui donne à la vie son véritable sens : le *Dharma*. Selon l'enseignement, celui qui se concentre principalement sur les affaires du siècle est un paresseux. Un vrai pratiquant est surtout préoccupé de ne pas perdre son temps de façon profane.

La persévérance qui protège contre la lassitude

Elle a pour fonction de maintenir une solide observance. C'est en considérant les fruits de la pratique que l'on ne se laissera pas vaincre par la fatigue physique.

La confiance dans nos capacités

C'est la conviction que nous serons capables, grâce à un travail suivi, d'obtenir des résultats. Le manque de confiance en soi est un obstacle à toute réalisation. On s'en libère en songeant que les bodhisattvas et les Bouddhas furent, eux aussi, la proie de perturbations, prisonniers du *samsara* et dans une situation identique à la nôtre ; par des efforts répétés, ils ont atteint les vertus que nous admirons. Nous pouvons agir de même.

Ces trois types de persévérance produisent les énergies qui contrecarrent trois faiblesses :
— ne pas se tourner vers le *Dharma*,
— se lasser de la pratique,
— douter de ses possibilités.

Les Ecritures enseignent que toutes les bonnes qualités dérivent de la persévérance. Même un individu de faible intelligence obtiendra les fruits d'une application sincère et régulière ; par contre, les aptitudes intellectuelles d'un paresseux ne lui serviront à rien, le plus grand succès naissant de l'alliance entre intelligence et persévérance.

5. Le paramita de méditation

C'est la perfection de méditation ou de concentration. La méditation doit toujours comporter un objet d'observation. Elle est capitale, autant pour la vie spirituelle que pour les activités de chaque jour. Si nous n'y prenons pas garde, nous pouvons être tentés de croire que notre esprit est relativement calme, mais l'introspection démontre le contraire. Pareil à une chute d'eau, traversé par un flot continu de pensées, l'esprit n'est pas en mesure de se fixer, même un court instant, sur un quelconque objet. Ce mouvement incessant empêche toute concentration prolongée. Par ailleurs, l'esprit est dominé par les perturbations, plus fortes que les vertus. La plupart du temps nous ne nous soucions pas de les maîtriser et, quand nous nous y essayons, c'est une tâche ardue en raison de notre longue accoutumance à céder à leur appel.

Il existe deux sortes de méditation : analytique et stabilisatrice, d'égale importance pour éliminer les impuretés et atteindre le but que nous nous proposons. Les Ecritures disent que la réflexion et l'étude de l'enseignement constituent des formes de méditation. Si nous n'examinons pas soigneusement et ne connaissons pas la nature des objets d'observation il est impossible de nous focaliser sur eux avec succès. Comme la dispersion est créée par l'esprit, il faut utiliser celui-ci pour la calmer ; aucune force extérieure ne saurait y parvenir. L'action fondamentale dépend de lui, d'autres facteurs (résidence, posture, etc...) servant de soutiens.

Le site choisi pour la méditation sera propre, tranquille, proche de la campagne, agréable. Nos compagnons devront être calmes et vertueux. Il est préférable de jouir d'une condition physique parfaite. La position du corps est aussi très utile. Elle comprend sept caractéristiques :

1. La posture adamantine (identique à celle de Vajrasattva : voir page 136), c'est-à-dire les jambes croisées, les pieds retournés et reposant sur les cuisses, est recommandée. Si cette posture s'avère douloureuse, ce qui troublera la concentration, on en adoptera une plus confortable, par exemple, le pied gauche placé sous la cuisse droite et le droit sur la cuisse gauche.
2. Le buste est droit dans les limites du possible.
3. Les bras forment un arc relativement rigide, sans être plaqués au corps ni rejetés en arrière ; les pouces se touchent à hauteur du nombril.
4. Le cou est droit, le menton légèrement rentré.
5. L'angle de vision est parallèle aux ailes du nez.
6. La bouche et les lèvres sont relâchées, entrouvertes.
7. La partie supérieure de la langue presse doucement le palais.

Tels sont les sept points de la posture adamantine. Chacun d'eux symbolise un des aspects de la voie tout en ayant une raison pratique.

Les jambes croisées, les pieds retournés et reposant sur les cuisses, assurent une position très stable, et même dans le cas d'une méditation de longue durée le méditant ne risque pas de basculer en avant ou en arrière. La rectitude du tronc permet le libre passage dans les canaux (*nadi*) des airs (*sct.: vayu*; *tib.: lung*) que chevauche l'esprit. Quand le corps est droit, les canaux ne s'obstruent pas. De même, la position des bras contribue à leur bon fonctionnement. Un regard tourné vers le haut entraîne aisément la distraction et la tête trop penchée vers l'avant provoque des douleurs dans la nuque. Les lèvres closes rendent la respiration difficile lorsque le nez est bouché; avec la bouche trop ouverte, c'est l'extrême inverse; la respiration est alors trop forte, causant une pression anormale du sang. La langue placée contre le palais préserve l'humidité de la bouche et de la gorge. Telles sont les raisons immédiates de cette position.

6. Le paramita de sagesse

Le simple fait d'adopter la posture décrite ci-dessus garantit déjà une orientation mentale favorable, mais le plus gros du travail reste à accomplir par l'esprit, lequel doit être dirigé vers des objets d'attention de plus en plus subtils et profonds.

On a vu dans le chapitre sur *vipashyana* que la tâche essentielle consiste à parvenir à l'élimination de l'ignorance, la cause de toutes nos imperfections. Pour ceci, le seul objet dont la compréhension nous donnera les moyens d'extirper les perturbations et leurs traces et d'acquérir les excellences d'un Bouddha est *shunyata*. Toutes les autres méditations constituent des préliminaires à cette approche. La réalisation directe de *shunyata* reste le pas décisif à franchir pour qui veut parachever le *paramita* de sagesse.

12. Les cinq sentiers et les dix terres

Les cinq sentiers

Dans sa progression, le bodhisattva passe par cinq stades ou sentiers (*marga*) :
1. accumulation de vertus (*sambharamarga*),
2. préparation (*prayogagarma*),
3. vision (*darsanamarga*),
4. intense contemplation (*bhavanamarga*),
5. pleine sagesse (*vimuktimarga*).

Quand le bodhisattva a pleinement développé *bodhicitta* (esprit d'éveil), que celui-ci est naturel, fait partie intégrante de lui-même, il parvient au sentier d'accumulation. Il acquiert de nombreux *siddhi* (pouvoir surnaturel) tels que les *abhijña* (connaissances supérieures) qui, entre autres, le rendent capable de percevoir les pensées d'autrui, le passé et l'avenir des êtres, de se déplacer dans l'espace et de multiplier son corps. Un bodhisattva ne ressemble pas à ces personnes en quête de diverses facultés miraculeuses, ses connaissances sont les effets directs de son progrès et il en fait bon usage. Elles l'aident notamment à déceler les destinées, les potentialités et le développement spirituel des êtres, à juger s'ils sont ou non dans une position leur permettant de s'arracher au *samsara*. Ce bodhisattva reçoit la vision et l'enseignement de Bouddhas et de bodhisattvas dans diverses terres pures. Il possède aussi de nombreuses autres qualités.

A présent, l'essentiel pour lui est de méditer sur *shunyata* dont le sens ne lui est pas encore très clair. Quand sa compréhension conceptuelle de ce thème s'approfondit, il accède au second sentier, celui de préparation, qui est la phase précédant immédiatement la réalisation intuitive, directe, de *shunyata*. Sa méditation et ses pouvoirs se font plus pénétrants, son aptitude à maîtriser les perturbations plus subtiles s'accroît.

Lorsque, par un engagement répété, il sent que son esprit et *shunyata* deviennent un, comme de l'eau versée dans de l'eau, il atteint le troisième sentier, celui de vision. Il devient alors un *arya* bodhisattva (bodhisattva supérieur). Quoique les empreintes karmiques et les perturbations soient encore présentes en lui, il ne crée plus d'actions susceptibles de le projeter dans le *samsara* et contrôle ses conditions de renaissance ; il est libéré de la saisie intellectuelle d'un "soi" ; avec sa sagesse il peut entreprendre l'élimination de voiles et de perturbations plus fins.

Les dix terres

Les dix terres (*bhumi*) correspondent à dix niveaux d'*arya* bodhisattvas :

1. La Très Joyeuse (*pramudita*),
2. L'Immaculée (*vimala*),
3. L'Illuminatrice (*prabhakari*),
4. La Radiante (*arcismati*),
5. La Difficile à Vaincre (*sudurjaya*),
6. Celle qui Oriente (*abhimukti*),
7. Celle qui Va Loin (*durangama*),
8. L'Immuable (*achala*),
9. Celle d'Excellente Intelligence (*sadhumati*),
10. Le Nuage ou Essence du *Dharma* (*dharmamegha*).

La première des dix terres est atteinte au niveau du sentier de vision (*darsanamarga*). Les neuf autres sont traversées au cours du sentier d'intense contemplation ou méditation (*bhavanamarga*).

A chacune d'elles les vertus du bodhisattva et son pouvoir d'éliminer les contaminations sont plus élevés. Les Ecritures détaillent niveau par niveau, le nombre de ses qualités, qui deviennent incalculables à partir de certaines terres. Celles-ci appartiennent à un même continuum, l'obtention d'une terre correspondant à la disparition d'une couche de perturbations. A la huitième, "Immuable", les trois dernières strates de perturbations empêchant la libération du *samsara* sont effacées définitivement. A ce niveau, le bodhisattva est l'égal des *shravaka* et *pratyekabuddha*, mais ses mérites sont infiniment plus vastes. Toutes les perturbations sont anéanties grâce à la méditation sur *shunyata*. A partir de la huitième terre il entreprend l'éradication des obstacles à l'omniscience (*jneyavarana*) d'un Bouddha (ou voiles empêchant la connaissance). A la neuvième, "Excellente Intelligence", il commence à se débarrasser de leurs plus subtiles formes, car sa sagesse n'est pas encore parachevée. S'il n'enlève pas ses dernières impuretés, un Bouddha ne peut mener son activité altruiste à bien dans tous ses aspects, car la pleine efficacité de son aide dépend de sa profonde sagesse.

Les voiles qui masquent la libération sont comparables à une cuisante blessure ; en empêchant l'omniscience ils ressemblent à sa cicatrice indolore : le mal est guéri mais sa trace subsiste.

Le processus de purification est analogue au fait d'ôter des voiles de plus en plus fins et légers et le développement graduel des facultés à celui de posséder un microscope de plus en plus puissant.

A la dixième terre, "Nuage du *Dharma*", le bodhisattva est en parfaite concentration sur *shunyata* qu'il perçoit clairement et complètement. Cependant, il ne peut voir simultanément les phénomènes conventionnels. Un Bouddha ayant atteint le cinquième sentier (celui de la pleine sagesse) appréhende en même temps les deux plans : *shunyata* et les conventions. Chaque aspect de son esprit, chacun de ses organes sensoriels connaît toutes les choses. Ainsi, un petit nuage suffit à jeter une ombre sur la terre, mais dès qu'il se dissout celle-ci est tout entière éclairée par les rayons du soleil.

A la fin du continuum de la dixième terre, lorsque sont effacées les ultimes empreintes d'impureté, l'existence phénoménale et *shunyata* se manifestent en même temps. Rappelons ici un point important; les essences **sont qualifiées** par *shunyata* (l'absence d'existence réelle) mais **ne sont pas** *shunyata.*

L'illumination confère la connaissance de la profonde nature des phénomènes; la parole ne rencontre aucun obstacle pour transmettre l'enseignement, le corps peut sans difficulté se multiplier à l'infini. Les vertus de la parole d'un Bouddha sont inconcevables: qu'un millier de personnes posent chacune une question dans une langue différente, en prononçant simplement le mot *"shunyata"* il répondra à toutes dans l'instant. Les voiles qui obscurcissent notre esprit nous interdisent d'accomplir de telles choses. Sa parole possède d'autres merveilleuses qualités; les Ecritures en mentionnent soixante-quatre: elle est douce, mélodieuse, attirante (suscitant le désir d'écouter), apaisante, etc... . Le corps du Bouddha est muni des cent douze marques d'un grand être. De nombreux soutras exposent en détail les excellences de son intelligence. Sakya Pandita a fait de toutes ces perfections le thème d'un de ses ouvrages.

Le devoir d'un Bouddha est d'aider autrui. Si cela s'avère utile, il multipliera instantanément son corps autant de fois qu'il y a d'êtres dans les univers en prenant n'importe laquelle de leur forme. Toutefois, pour bénéficier de son activité, il incombe aux êtres d'établir une relation avec lui. En effet, la lune ne se reflète dans les eaux d'un lac que lorsqu'elles sont limpides et tranquilles: son reflet se confond alors avec la lune dans le ciel, mais elle n'apparaît pas clairement dans des flots agités. De même, l'aide que les Bouddhas apportent aux êtres les touche tous de manière égale, leur réceptivité seule varie. Si la libération des êtres dépendait des Bouddhas, la souffrance aurait depuis longtemps disparu du monde, car munis de *mahakaruna* et de *bodhicitta* ultimes, les Bouddhas n'abandonnent jamais les migrants à leur sort. Pourtant, leurs propres efforts ne suffisent pas sans la participation des êtres.

L'arbre de refuge de la lignée du Lam Dré

L'offrande du mandala

Sakya Tsechen Ling
Institut Européen de Bouddhisme Tibétain
Strasbourg/Kuttolsheim

La roue de la vie

Sa Sainteté Sakya Dagchen Ngawang Thoutob Wangchouk (ST 40),
Gourou de l'auteur, le Vénérable Lama Shérab Gyaltsen Amipa

L'auteur (à gauche) lors d'une visite à Sa Sainteté le XIVème Dalaï Lama à Dharamsala en 1967, avant son départ de l'Inde pour la Suisse

*Sa Sainteté Sakya Trizin pendant sa visite au monastère
de Rikon en Suisse auprès de l'auteur - avril 1989*

*L'auteur en compagnie de Sa Sainteté le XIVème Dalaï Lama
lors de sa deuxième visite à Sakya Tsechen Ling en France - juin 1988*

La voie du *Mahayana* est la parole du Bouddha Shakyamouni, le maître universel de cet âge. Les Bouddhas du passé se sont abstenus de transmettre cette doctrine car les disciples n'avaient pas encore la maturité spirituelle pour l'apprécier et la mettre en œuvre.

Après avoir complété son enseignement et rencontré les êtres qui avaient le *karma* de le voir et de l'entendre, Shakyamouni est parti vers d'autres univers pour y continuer son œuvre salvatrice. La forme sous laquelle il apparut s'est évanouie ; à présent, il se manifeste sous d'autres aspects humains ou non-humains. Les Bouddhas peuvent ainsi revêtir chaque jour des formes commes celles d'amis ou de Gourous.

TROISIEME PARTIE

Les préliminaires extraordinaires

LES PRELIMINAIRES EXTRAORDINAIRES

Introduction

Les pratiques préliminaires sont d'une extrême importance car un élève progressera difficilement en cas d'accumulation trop faible de mérites. C'est pourquoi le Bouddha Shakyamouni en a montré le caractère crucial, principalement par l'accomplissement des douze exploits dont le premier, la descente du ciel Tushita, est révélateur. Grâce à une accumulation de mérites immense il est parvenu à extirper totalement toutes les perturbations et leurs graines, et à accéder au plein éveil.

Les préliminaires extraordinaires abordés dans le texte qui suit sont :

1. la prise de refuge,
2. les prostrations,
3. l'offrande du *mandala*,
4. la méditation de Vajrasattva,
5. le *Guruyoga*.

1. La prise de refuge

Introduction

« OM SVASTI. Je me prosterne aux pieds du glorieux Gourou, excellent refuge. »

Les qualités d'abandon et de réalisation du Gourou égalent celles de tous les Bouddhas mais il les surpasse par sa bonté.

Celui qui, possédant la confiance et l'énergie, souhaite s'exercer aux préliminaires d'accumulation et de purification afin d'extraire l'essence de cette précieuse vie humaine doit commencer par prendre refuge. Ainsi deviendra-t-il un réceptacle adéquat pour la mise en œuvre de la sublime voie durant tout son déroulement.

Note sur la prise de refuge

Avant la prise de refuge proprement dite, il convient de s'asseoir dans la posture correcte de méditation (voir page 87) puis de réfléchir aux quatre préliminaires ordinaires expliqués précédemment : la rareté et la valeur d'une vie humaine qualifiée, l'impermanence, le *karma* et les imperfections du *samsara*. Si l'on n'acquiert pas une solide expérience dans ces fondements une bonne pratique de l'enseignement restera très difficile. Pour des explications détaillées sur ces thèmes on se reportera, entre autres textes, à *La Triple Vision* de Virupa (1ère partie du *Lam Dré* : voir page 174) et à *La Lettre à un Ami* de Nagarjuna.

Exposé de la prise de refuge

L'exposé suivant de la prise de refuge provient d'un texte originel tibétain qui comprend huit parties :
1. la cause,
2. l'objet,
3. la durée,
4. la manière,
5. les bienfaits,
6. les instructions,
7. la signification,
8. les différences et leurs distinctions.

1. La cause du refuge

La prise de refuge peut avoir trois ressorts : la crainte, la foi sincère (ou confiance) et la compassion.

La foi ou confiance est de trois sortes :

a) claire ou admirative, lorsque l'on prend conscience des immenses qualités du Gourou et des Trois Joyaux et que l'esprit s'illumine,

b) confiante, lorsqu'une ferme croyance naît d'un approfondissement des instructions,

c) déterminée ou intentionnelle, si jaillit le désir, après en avoir eu l'intuition, d'achever soi-même les excellences du refuge.

La crainte des forces contraires dans cette vie et des états infortunés pour la vie suivante domine un niveau inférieur de refuge. La motivation intermédiaire provient de la peur du *samsara* en général ainsi que du désir de se libérer et de la confiance que les Trois Joyaux ont la capacité de nous guider dans cette entreprise.

La compassion est à la source de la motivation supérieure pour prendre refuge, guidée par l'aspiration à soustraire définitivement les êtres de la souffrance dans laquelle, comme nous-mêmes, ils se trouvent plongés. Cette aspiration est associée à la confiance que les Trois Joyaux détiennent le pouvoir de nous mener jusqu'à la plénitude.

2. L'objet de refuge

C'est :
— le Gourou (maître spirituel)
associé aux Trois Joyaux :
— le Bouddha,
— le *Dharma*,
— le *Samgha*.

Le Gourou

Quoique de nombreux Bouddhas soient apparus, en raison de notre peu de mérite et des lourdes empreintes d'actions négatives dont nous sommes maculés, nous n'avons pu les rencontrer ni recevoir directement leur enseignement. Aussi le Gourou est-il le Bouddha manifesté dans une forme ordinaire.

Le Bouddha

Le Bouddha possède les trois *kaya* (corps) :
◊ le *dharmakaya* (corps du *Dharma* ou de vérité),
◊ le *sambhogakaya* (corps de jouissance),
◊ le *nirmanakaya* (corps d'émanation).

Le *dharmakaya* est l'aspect d'un Bouddha pourvu de la double pureté (naturelle et acquise). Tous les êtres sont naturellement purs depuis le commencement, cette pureté étant réalisée par le Bouddha : tel est le premier aspect. La vraie nature de l'esprit (sa vacuité) de tous les êtres est temporairement voilée par les actions et les perturbations. Un Bouddha s'est complètement libéré et a mis en lumière cette vraie nature. Tel est le second aspect.

Le *sambhogakaya* est l'aspect d'un Bouddha résultant de la vaste collection de mérites réunie le long de la voie. En raison de ces mérites, une forme physique ultime est produite, que seuls perçoivent les plus élevés des bodhisattvas.

Le *nirmanakaya* est l'aspect d'un Bouddha qui apparaît là où c'est nécessaire, quand c'est nécessaire, sous la forme nécessaire, afin d'aider et de discipliner les êtres ordinaires.

Le Dharma

Le *Dharma* a deux facettes : l'enseignement et la réalisation. La première comprend les trois groupes de textes relatifs à l'éthique, la méditation et la sagesse. La seconde inclut l'entraînement dans ces disciplines (c'est-à-dire la vérité de la voie) et son aboutissement (la vérité de la cessation).

Le Samgha

Le *Samgha* est également de deux sortes : véritable, constitué des bodhisattvas résidant dans les dix terres, et représentatif, celui de l'assemblée des religieux et des laïcs.

3. La durée de la prise de refuge

Dans le *Hinayana*, le refuge est pris pour la durée d'une vie ; dans le *Mahayana*, cet engagement se prolonge jusqu'à l'éveil parfait, la bouddhéité.

4. La manière de prendre refuge

Il s'agit de comprendre parfaitement les qualités de l'objet de refuge jusqu'à ce que s'établisse une profonde foi dans le Gourou (notre guide sur la voie), le Bouddha (celui qui montre la voie), le *Dharma* (la voie proprement dite) et le *Samgha* (les compagnons sur la voie).

5. Les cinq bienfaits de la prise de refuge

Depuis des temps sans commencement nous avons fait confiance à des objets inappropriés de toutes sortes. Les actions néfastes accumulées dans ces conditions sont purifiées par le recours au soutien des Trois Joyaux. En prenant ainsi refuge on devient véritablement bouddhiste.

Le refuge est le fondement de toutes les formes de vœux. Faisant de nous des membres du *Samgha* et des disciples du Bouddha, il nous garantit l'assistance des *dharmapala* (protecteurs du *Dharma*) et nous met à l'abri des attaques portées contre nous par les humains et les esprits malfaisants. Dans une prise de refuge sincère, notre nom, notre objectif et notre regard sur le monde changent. Nous quittons la voie mondaine pour entrer dans un chemin supramondain. Un soutra dit que si le mérite gagné en prenant refuge venait à prendre forme l'espace ne suffirait pas à le contenir. Par ailleurs, *L'Abhidharmakosha* explique que ceux qui ont une vie religieuse ont toujours commencé par s'en remettre aux Trois Joyaux ; et Chandrakirti indique dans le *Trisaranasaptati* (Les Soixante-dix Refuges) que cet engagement est à la source de toute pratique.

6. Le sens général des deux instructions

Il existe une distinction entre instructions ordinaires et particulières :

Les instructions ordinaires

Elles impliquent de rechercher les enseignements, d'écouter respectueusement les paroles du Gourou afin que la pensée se tourne vers le *Dharma* et que celle-ci soit mise en œuvre conformément aux conseils donnés ; ces conditions forment les préliminaires à la réalisation de la vie spirituelle.

On s'efforcera de cesser totalement de nuire aux êtres, même les plus infimes, en articulant sa pratique selon les quatre directives suivantes : contrôler son esprit et ses sens, cultiver l'amour et la compassion à l'endroit de tous, faire lorsqu'on le peut des offrandes aux Trois Joyaux et enfin considérer avec une extrême importance ses vœux religieux et être vigilant à les respecter.

En dernier lieu, on se gardera d'adorer ou de s'en remettre à des déités non-bouddhistes ainsi que de privilégier les enseignements d'autres traditions.

Les instructions particulières

L'élève s'appliquera ici à faire des offrandes régulières et spéciales. Il commencera par présenter nourriture et boisson aux Trois Joyaux avant de les absorber en récitant, par exemple, la prière suivante :

" *J'offre ceci aux Trois Joyaux, le lieu de refuge,*
Au précieux Bouddha, le Gourou incomparable,

*Au précieux et saint Dharma, le protecteur incomparable,
Au précieux Samgha, le guide incomparable.* "

Il s'abstiendra de prononcer mal à propos le nom du refuge ou de le critiquer, que ce soit par jeu, par désir de profit ou même au prix de sa vie. Dans toutes les situations de l'existence les Trois Joyaux constituent son unique et ultime refuge, il les évoque avant toute entreprise.

Il rendra un culte au Bouddha, vénérera également ses représentations sans s'arrêter à leurs qualités esthétiques ou au matériau dans lequel elles sont façonnées. De même, l'élève respectera chaque lettre des Ecritures ainsi que le *Samgha* jusque dans ses marques extérieures.

7. La signification du refuge

C'est une protection contre les peurs et l'anxiété liées à cette vie, contre la chute dans les états inférieurs, contre les destinées inhérentes au *samsara*. En dernier lieu, le refuge préserve les disciples du *Mahayana* de sortir du *samsara* pour soi-même. En bref, c'est la pratique de base essentielle dans le *Hinayana*, le *Mahayana* et, à l'intérieur de ce dernier, dans le *Vajrayana* (véhicule adamantin). Pour une explication exhaustive, on se reportera au *Mahayanottaratantra* (Le Suprême *Tantra* du *Mahayana*) du protecteur Maitreya.

8. Les quatre distinctions essentielles dans la prise de refuge

La prise de refuge possède de nombreux attributs basés sur différents facteurs. Les objets de refuge influenceront également de manière certaine les résultats. Il existe aussi de nombreuses raisons pour lesquelles on prend refuge :

Dans le *Hinayana*, les *shravaka* et *pratyekabuddha* prennent refuge animés par la foi ; outre celle-ci, dans le *Mahayana*, les bodhisattvas prennent refuge dans un mouvement de grande compassion.

Le résultat ou le fruit de la prise de refuge dépend des objets de refuge. Par exemple, les *shravaka* s'efforcent d'obtenir l'état d'*arhat* en prenant refuge dans le *Samgha*. Les *pratyekabuddha*, qui désirent ardemment comprendre la production en dépendance de tout phénomène, prennent refuge dans le *Dharma*. Les bodhisattvas qui recherchent la bouddhéité prennent refuge dans le Bouddha.

Comme mentionné précédemment, la prise de refuge se maintient jusqu'à ce que le parfait éveil soit finalement atteint.

Les *shravaka* et *pratyekabuddha* prennent refuge dans un but de libération personnelle; l'objectif des bodhisattvas est le bien d'autrui.

Le rite du refuge

Assis sur un siège confortable dans la position appropriée, réfléchissons à la difficulté de réunir les conditions favorables à la pratique du *Dharma*, à l'impermanence de la vie, au caractère non-trompeur du *karma* et aux inconvénients du *samsara*; ceci génère dans le continuum de l'esprit une certaine tristesse puis le renoncement. Evoquons ensuite la bonté de tous les êtres (nos mères passées), faisant naître l'amour et la compassion qui nous amènent à engendrer *bodhicitta* (l'aspiration à la plénitude pour leur bien à tous). Comme cet accomplissement dépend de l'exercice de la voie, développons la motivation de prendre refuge et récitons sans distraction ce qui suit en accompagnant notre effort de la visualisation correspondante:

> *La vision impure de sujet et objet se dissout dans shunyata; de shunyata surgit un lieu fait de saphirs, bleuté avec des éclats d'or, entièrement pourvu des qualités d'une terre pure. En son centre se trouve un lac d'ambroisie orné d'arbres et de fleurs, d'oiseaux nés par émanation dont les chants dispensent la mélodie du saint Dharma. Au-dessus du lac est déployée une tente aux couleurs de l'arc-en-ciel exhalant des parfums et produisant une pluie de fleurs célestes. Au centre du lac se dresse un excellent arbre-à-souhaits né de la sagesse transcendante spontanée. Il est orné de feuilles, de fleurs et de fruits. Lors d'une simple évocation il exauce une pluie de désirs. Au faîte de cet arbre se trouve*

un lotus multicolore à quatre pétales au centre duquel, sur un trône de lotus surmonté d'un disque solaire puis d'un disque lunaire, se tient le Gourou racine, réunion de tous les Bouddhas, indissociable de Vajradhara, le Détenteur du Vajra (sceptre de diamant ; tib. : dorjé), *le seigneur embrassant l'ensemble des familles de Bouddhas. Son corps est bleu, il a un visage et deux bras, les mains croisées sur le cœur, tenant le vajra et la cloche rituelle* (ghanta). *Il est paré d'ornements d'os et de joyaux et vêtu de soieries ; ses cheveux sont noués en chignon sur sa tête et retombent gracieusement sur ses épaules ; ses jambes sont dans la posture adamantine. Ainsi apparaît-il en tant que parfait sambhogakaya. Il nous fait face, heureux et souriant.*

Devant nous se trouvent les Gourous de la lignée, tous sous l'aspect de Vajradhara, visualisés dans le sens des aiguilles d'une montre. Sur le pétale situé devant nous se tiennent les déités des quatre tantra ; sur celui de droite tous les sambhogakaya et nirmanakaya des Bouddhas ; sur celui placé en arrière sont empilées les Ecritures pareilles à une montagne ; sur le pétale de gauche se trouvent les bodhisattvas sous l'aspect de laïcs et de religieux, en nombre infini. Imaginons aussi, remplissant l'espace comme une nuée, les Gourous, yidam (tib. ; déité tutélaire ; sct. : ishtadevata), *Bouddhas, bodhisattvas, shravaka et pratyekabuddha, vira* (héros), *dakini* (aspect féminin du Bouddha ; tib. : kadroma), *dharmapala et déités de prospérité et tous ceux dignes d'être des objets de refuge. Nous nous tenons devant eux avec nos parents et les six classes d'êtres sous forme humaine. L'esprit unifié, avec respect, espoir et confiance, nous prenons refuge jusqu'à l'éveil par le corps, la parole et l'esprit en récitant la prière suivante :*

‘ *Dès maintenant jusqu'à l'essence de l'éveil, moi et tous les êtres remplissant en nombre l'étendue de l'espace, prenons refuge en le vénérable et saint Gourou racine et en les glorieux Gourous de la lignée, l'essence de l'activité et des qualités du corps, de la parole et de l'esprit des Tathagata* (épithète du Bouddha) *des trois temps et des dix directions, l'origine des quatre-vingt quatre mille articles de la doctrine, le souverain de la noble communauté. Nous prenons refuge dans notre vénérable Gourou racine et les saints Gourous de la lignée, nous prenons refuge dans les vainqueurs transcendants, les parfaits Bouddhas, nous prenons refuge dans le saint Dharma, nous prenons refuge dans l'arya Samgha. "*

Telle est la prière du refuge : pour la pratique consistant à la répéter cent mille fois on récitera sa forme abrégée :

" *Nous prenons refuge dans les vénérables et saints Gourous.*
Nous prenons refuge dans les vainqueurs transcendants,
  les parfaits Bouddhas.
Nous prenons refuge dans le saint Dharma.
Nous prenons refuge dans l'arya Samgha. "

En conclusion, avec le "geste adamantin", les mains jointes à hauteur du cœur, récitons ce qui suit :

" *Je rends hommage et prends refuge dans le Gourou et les Trois Précieux Joyaux. Accordez vos bénédictions à mon continuum mental. "*

Puis, si on le souhaite :

" *Je rends hommage et prends refuge dans le Gourou et les Trois Précieux Joyaux ; bénissez mon corps, ma parole et mon esprit ainsi que ceux de tous les êtres ; bénissez mon esprit pour que je m'engage dans le Dharma ; bénissez-moi pour que je maintienne la sublime foi ; bénissez-moi pour que j'élimine les erreurs sur la voie ; bénissez-moi afin que les hallucinations apparaissent comme le dharmadhatu* (sphère du *Dharma*) *; bénissez-moi pour que je mette un terme aux pensées défavorables ; bénissez-moi pour que je génère l'amour et la compassion ; bénissez-moi pour que j'obtienne rapidement la bouddhéité. "*

Des rayons de lumière émanent des objets de refuge dissipant les deux voiles et leurs empreintes en moi-même et autrui et parachevant les deux accumulations. Notre corps devient un corps d'arc-en-ciel, notre esprit le dharmakaya.

> *Tous, nous partons vers nos royaumes respectifs de Bouddha. Les objets de refuge nous entourant se dissolvent en lumière et sont absorbés dans le Gourou, lequel se fond en lumière du bas du corps vers le haut et du haut vers le bas en une boule lumineuse, flamboyante comme un soleil au niveau de son cœur ; celle-ci me pénètre par le sommet de la tête et se dissout en moi, bénissant mon continuum mental.*

L'aspect lumineux de l'esprit est le *Samgha* ; son aspect vide est le saint *Dharma* ; leur combinaison est le Bouddha ; leur nature (leur caractère indissociable) est le Gourou. Demeurons aussi longtemps que possible absorbé dans cette réalisation.

Bodhicitta

La production de *bodhicitta*, la pensée d'illumination, est la cause spécifique de la réalisation de la bouddhéité.

Récitons ceci :

> « *Je dois accéder au plein éveil afin de libérer du samsara tous les êtres qui ont été mes mères. Dans ce but je pratique la profonde voie de tous les Bouddhas.* »

Ou bien :

> « *Je dois atteindre l'état de plein épanouissement pour le bien de tous les êtres. Dans ce but je pratique la profonde voie.* »

La prière de dédicace

Si nous souhaitons arrêter la séance, scellons les vertus accumulées au moyen de la prière de dédicace :

> « *Grâce à cette vertu puissent tous les êtres parachever les deux collections de mérites et de sagesse transcendante. Puissent-ils obtenir les deux corps sublimes issus du mérite et de la sagesse.* »

Les cent mille récitations de la prière du refuge seront accomplies au cours de séances de ce type. Si l'on souhaite combiner le refuge avec les prosternations, il est possible de répéter la formule en quatre lignes en l'accompagnant d'une prosternation.

Explications sur le rite de refuge

Pour ce qui est de la pratique proprement dite, il faut accomplir la récitation et la visualisation. Dans le *Vajrayana* les visualisations sont généralement complexes et hautement symboliques. Tout d'abord, imaginons que le lieu de méditation est une terre pure où résident des bodhisattvas se manifestant sous la forme d'oiseaux et où se trouve un arbre-à-souhaits issu de la vision du Bouddha. Voici quelques exemples illustrant le symbolisme : au faîte de l'arbre-à-souhaits est dressé un trône de pierreries signifiant que le Gourou qui y prend place est capable d'exaucer tous les désirs. Le lotus naît dans la boue sans en être atteint ; il exprime ainsi que tout en étant dans le monde le Gourou n'est pas touché par ses impuretés. Le soleil, par sa chaleur, fait mûrir les fruits et les céréales ; de même notre esprit est mûri par la chaleur de la bienveillance du Gourou. La lune rafraîchit l'atmosphère tout comme les perturbations sont rafraîchies par la bonté du Gourou.

Assis sur ces sièges le Gourou est sous la forme de Vajradhara, de couleur bleue, représentant l'immutabilité du plan du *Dharma*. Son visage unique symbolise la saveur unique de tous les phénomènes dans l'ainsité, ses deux mains les vérités relative et ultime. Elles sont croisées à hauteur du cœur pour montrer qu'une des vérités est insuffisante à elle seule pour mener au plein épanouissement. Le *vajra* à cinq branches dans sa main droite représente la nature des cinq sagesses et la cloche rituelle dans la gauche, la méthode, son tintement rappelant le son de *shunyata*. Les huit ornements de pierres précieuses figurent le chemin à huit branches, les six ornements d'os symbolisent les Bouddhas des six familles et les deux pieds dans la position adamantine indiquent que les deux extrêmes du *samsara* et du *nirvana* sont transcendés.

Autour du Gourou racine se tiennent les Gourous de la lignée Tsogshey des enseignements du *Lam Dré*, la doctrine principale des Sakyapa. Tous apparaissent sous la forme de

Vajradhara, le Détenteur du Vajra ; ils sont assis sur des disques lunaires. Ce sont :

Vajradhara, Vajranairatmya, Virupa, Krishnapa, Damarupa, Avadhutipa, Gayadhara, Drogmi Lotsawa, Séteun Kunrig, Sangteun Cheubar, Sachen Kunga Nyingpo, Seunam Tsémo, Jetsun Dragpa Gyaltsen, Sakya Pandita Kunga Gyaltsen, Cheugyal Phagpa, Keunchog Pel, Seunam Pel, Seunam Gyaltsen, Pelden Tsultim, Buddhashri, Ngorchen Kunga Zangpo, Mouchen Sempa Chenpo, Kunga Wangchouk, Kunkyen Seunam Sengué, Keunchog Pel, Sangyé Rinchen, Sa Lotsawa Jampey Dorjé, Keunchog Lundroub, Kunga Rinchen, Kunga Gyatso, Seunam Wangpo, Dragpa Lodeu, Sangyé Gyaltsen, Kunga Seunam, Seunam Wangchouk, Kunga Tachi, Seunam Rinchen, Sachen Kunga Lodeu, Kunga Tachi, Péma Dudul Wangchouk, Kunga Gyaltsen, Tachi Rinchen, Kunga Nyingpo, Karmaratna, Ngawang Chenpen Nyingpo, Jampel Zangpo.

Sur le pétale situé devant le Gourou se tiennent les déités des quatre classes de *tantra* : les bodhisattvas Avalokiteshvara, Manjushri et Vajrapani réunis dans un seul *mandala* (cercle mystique) connu sous le nom de "Protecteur des Trois Familles" sont un exemple du *kriyatantra* (*tantra* de l'action) ; Manjushri Arapaca est un exemple du *caryatantra* (*tantra* de la conduite) ; Mahavairochana (*Sarvavidya*) en est un du *yogatantra* et Chakrasamvara, Heruka ou Guhyasamaja de l'*anuttarayogatantra* (*yogatantra* suprême).

Sur le pétale situé derrière le Gourou sont empilées les Ecritures sous la forme de livres tibétains, une extrémité tournée vers le méditant. Quoiqu'elles aient l'aspect d'ouvrages imprimés, elles émettent continuellement le son du *Dharma*.

D'autres lignées de Gourous entourent l'arbre-à-souhaits, avec des déités de prospérité, des bodhisattvas à différents stades, des *dakini* et des *vira*, des *nirmanakaya* des Bouddhas sous des aspects féminins et masculins.

Nous sommes assis devant cette assemblée, notre père et nos parents masculins sur notre droite, notre mère et nos parents féminins sur notre gauche, nos ennemis et les esprits malveillants devant nous et les êtres des six royaumes derrière nous. Tous sont imaginés sous forme humaine. Puis, à l'unisson et dans une seule intention nous-mêmes et tous les êtres prenons refuge jusqu'à l'obtention de l'éveil, avec la pensée que les Trois Joyaux sont notre unique espoir dans cette entreprise. Nous nous plaçons ainsi réellement sous leur protection avec la dévotion du corps, de la parole et de l'esprit. Après avoir récité la prière du refuge en quatre lignes autant de fois que possible, offrons d'autres requêtes au Gourou et aux Trois Joyaux. Des rayons de lumière jaillissent des objets de refuge, détruisant en nous-mêmes et en tous les êtres les perturbations dues au désir, à la haine et à l'ignorance et dissipant entièrement les voiles à l'omniscience (toutes les pensées associées à la dualité sujet/objet et à leur interaction). Les deux collections de mérites et de sagesse nécessaires au plein éveil sont parachevées. Chacun de nous apparaît sous l'aspect d'un corps d'arc-en-ciel. Ainsi, quand le corps ordinaire impur et fangeux est purifié, il devient clair et lumineux, semblable en nature à un arc-en-ciel. Le Gourou se dissout en une lumière qui est absorbée en nous ; méditons sur la nature et les trois aspects de l'esprit représentant le Gourou et les Trois Joyaux ultimes. Quand on examine l'esprit on ne trouve rien, mais en même temps une continuité de l'esprit est patente. Cette continuité est l'aspect de clarté. Lorsque cette clarté est soumise à l'analyse, on ne trouve rien, ni forme, ni couleur. Ceci est l'aspect de vacuité. De même que le feu et sa chaleur sont inséparables, les aspects de clarté et de vacuité de l'esprit le sont également. Telle est la combinaison des deux qui forme le troisième aspect. Les deux corps mentionnés plus haut dans la dédicace (voir page 107) se rapportent aux corps de la forme (*nirmanakaya* et *sambhogakaya*) réunis en un seul aspect et au *dharmakaya*.

La personne qui souhaite pratiquer les prosternations séparément du refuge visualisera devant elle les trente-cinq Bouddhas de confession et, tout en se prosternant, récitera

Le Discours des Trois Collections ou la prière de confession abrégée que voici :

" *Je m'incline devant tous les Bouddhas et leurs fils, je confesse mes fautes et celles d'autrui. Ayant réuni (toutes) les vertus je les dédie au bien des migrants qui égalent par leur nombre l'étendue de l'espace. Puissent-ils être libres des huit conditions défavorables et réaliser la noble voie. Puissent les migrants qui vivent ici dans les trois mondes accumuler les collections et, prenant naissance dans l'excellente terre du Bonheur à l'intérieur d'un lotus avec un corps parfait, en ce lieu sublime puissent-ils recevoir des Bouddhas les enseignements du suprême véhicule.* "

Durant les prosternations et la récitation de cette prière, visualisons devant nous les trente-cinq Bouddhas de confession (sept blancs, sept verts, sept jaunes, sept bleus et sept rouges) ainsi que d'innombrables autres Bouddhas et bodhisattvas.

Explications sur la production de bodhicitta et la prière de dédicace

Tout d'abord, pratiquons le rite du refuge ainsi qu'il est expliqué ci-dessus, en répétant la prière du refuge vingt et une fois, puis poursuivons la méditation jusqu'au point où le Gourou se dissout en lumière et est absorbé en nous. Ensuite, récitons en les comptant l'une des prières indiquées dans le texte pour engendrer *bodhicitta*, l'esprit d'éveil. Après un certain nombre de répétitions, concluons la séance par une prière de dédicace. La pratique est complète lorsqu'est atteint le chiffre de cent mille.

Il y a deux sortes de *bodhicitta* : relatif et ultime. Le premier est lui-même divisé en *bodhicitta* d'aspiration et *bodhicitta* d'engagement : l'aspiration se rapporte au souhait de libérer les êtres des souffrances du *samsara*, l'engagement à la pratique de la voie des bodhisattvas. Le second *bodhicitta* se réfère à la vérité ultime transcendant tous les extrêmes d'existence et de non-existence, d'être et de non-être, ... : c'est l'apanage des Bouddhas.

2. Les prosternations

Introduction

Cet exposé de la profonde signification des prosternations est conforme à la transmission du Mahasiddha Kyoungpo Naljor dont Sakya Pandita, émanation de Manjushri, réunit et présenta les enseignements.

Explications

Les prosternations sont accomplies à l'aide des trois portes du corps, de la parole et de l'esprit.

Chaque séance de prosternations doit être précédée par la prise de refuge et le développement de *bodhicitta* (trois récitations minimum). Visualisons les Quatre Joyaux, le Gourou, le Bouddha, le *Dharma* et le *Samgha*. Ceci est suivi du rite en sept points :

1. l'hommage par les prosternations (thème de cette section),
2. les offrandes,
3. la confession,
4. la réjouissance,
5. et 6. les requêtes,
7. la dédicace.

Les offrandes

Les offrandes sont doubles : matérielles et spirituelles. La plus courante est accomplie symboliquement en utilisant huit bols dans lesquels sont placées diverses substances ou, à défaut, de l'eau claire. Le premier est rempli d'eau offerte à l'objet de refuge ; le second est rempli d'eau destinée à purifier les souillures de l'ignorance ; le troisième contient des fleurs illustrant *mahakaruna* ; le quatrième de l'encens pour la discipline morale ; le cinquième de la lumière pour la sagesse ; le sixième de l'eau parfumée pour les activités salutaires ; le septième de la nourriture comme aliment de l'équilibre méditatif ; enfin le huitième contient une conque ou un instrument de musique pour le son du *Dharma* qui éveille l'esprit. On peut également offrir le *mandala* de l'univers comme on le verra au chapitre suivant. Dans la seconde forme d'offrandes, d'ordre spirituel, les objets présentés sont imaginés. Visualisons des offrandes innombrables s'étendant dans toutes les directions jusqu'aux limites de l'espace, comme le fit le bodhisattva Samantabhadra.

La confession

Confessons toutes les erreurs accumulées au cours de cette vie et au cours du nombre incalculable de nos vies antérieures.

La réjouissance

Réjouissons-nous des actions altruistes des Bouddhas et des bodhisattvas.

Les requêtes

Prions les Bouddhas et les bodhisattvas de continuer à enseigner tous les êtres et à propager le saint *Dharma*.

Faisons-leur ensuite la requête de ne pas quitter ce monde jusqu'à la fin du *samsara*.

La dédicace

Partageons et consacrons le mérite de cette pratique jusqu'à l'obtention du plein épanouissement.

Ensuite, prions de la manière suivante :

" Toutes les erreurs et attitudes irrespectueuses, particulièrement celles dirigées contre mon Gourou, ont pour origine une vision fausse. Puisse celle-ci être transformée en une pensée immaculée. Le respect du Gourou assure sans

effort l'avènement de pensées salutaires. Tous les obstacles intérieurs et extérieurs sont alors éliminés et transmués par la force des bénédictions du Gourou. Par la vertu des prosternations offertes à cet objet sacré, puissions-nous, moi et tous les autres êtres, accéder à la pureté. "

La manière de se prosterner

Tout d'abord, debout devant les Quatre Joyaux, engendrons *bodhicitta*.

Puis joignons les mains, placées à hauteur du cœur, les doigts vers le ciel. Ce geste symbolise l'union de la sagesse (main droite) et de la méthode ou compassion (main gauche).

Plaçons ensuite les mains successivement :
— au sommet de la tête, ce qui représente le désir de renaître dans Sukhavati, le royaume paisible et pur du Bouddha de Lumière Infinie, Amitabha,
— à hauteur du front, en signe de purification des impuretés physiques,
— à hauteur de la gorge, pour purifier les impuretés de la parole,
— au niveau du cœur, en purification des impuretés de l'esprit.

Séparons les mains, illustrant ainsi l'activité du *sambhogakaya*.

Les pieds joints, agenouillons-nous, ce qui exprime l'obtention progressive des dix terres et des cinq sentiers du *Mahayana*.

Touchons le sol du front, rendant manifeste notre désir de parfaire la onzième terre des bodhisattvas.

L'action de s'agenouiller et les gestes des mains ont aussi une analogie avec les quatre activités salutaires.

Durant chaque prosternation, l'*avadhuti* (canal principal), qui chemine le long de la colonne vertébrale, se courbe, faisant ainsi se dénouer les nœuds qui empêchent le libre passage de l'énergie.

Au moment de nous relever, imaginons que nous nous arrachons aux souffrances du *samsara* et parvenons à l'état de libération.

Debout, le corps est droit afin que la circulation se fasse sans entrave.

Dédicace

Elle clôture la pratique des prosternations :

« Animé par mahakaruna, ma pensée embrassant les dix directions, par cette vertu puissé-je révéler le merveilleux trésor qu'est le Dharma, source de bienfaits et de profit, là où il ne s'est pas encore répandu, et le revivifier là où il a décliné. Puissent tous les migrants, mes mères aimantes, être libérés des maux et guidés sans délai jusqu'au parfait éveil. Puissent-ils dès maintenant être baignés par les bénédictions des Gourous et des Trois Joyaux. Que mes mérites s'accroissent et que ma prière soit exaucée. »

o o o

Tels sont les gestes et la disposition d'esprit à adopter si nous voulons que les prosternations soient vraiment profitables. Leurs bienfaits sont innombrables. En dehors de ceux touchant cette vie (longévité, absence de maladies, réalisation des souhaits) elles contribuent à notre libération et, pour ceux qui possèdent une puissante aspiration, nous mettent dans la position de renaître dans une terre pure d'où il sera possible d'atteindre l'éveil. En outre, grâce aux vertus infinies des prosternations, les précieuses pensées des Bouddhas et des bodhisattvas toucheront l'ensemble des êtres. En conclusion, elles amplifient considérablement l'audition, la contemplation et la méditation du *Dharma*.

Le mandala de l'univers

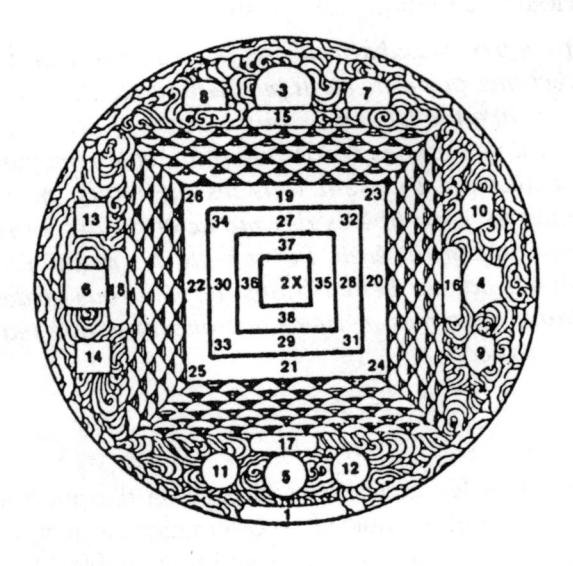

Le dessin ci-dessus représente un mandala en 38 tas et diffère du texte étudié ci-après (pages 125 à 132) où les tas 1 et 2 se regroupent en un seul tas (1).

3. L'offrande du mandala

Explications pour accomplir l'offrande du mandala

L'offrande du *mandala* de l'univers est accomplie dans le but de réaliser les deux accumulations de mérites et de sagesse. Cette pratique comporte deux aspects. Le premier se caractérise par une offrande matérielle faite à un objet sacré. Chacun de nous apprécie le plaisir et le bonheur, pensant naturellement qu'ils découlent des richesses matérielles. Si l'offrande du *mandala* rend possible le développement des biens, le plus important de ses effets est le développement de la richesse intérieure, cause d'une paix profonde.

Cette pratique consiste à offrir tout ce qui est en notre possession tout en sachant que cela demeure néanmoins très insuffisant pour payer de retour les Gourous, les Bouddhas et les bodhisattvas de leur précieuse inspiration. C'est pourquoi nous commençons par transformer ces biens en un univers immaculé, même si celui-ci n'est pas non plus suffisant pour rendre aux Bouddhas l'immense bonté dont ils ont fait preuve à notre égard en nous conférant leurs bénédictions et en nous révélant le chemin vers la libération. En effet, grâce à leur enseignement de sagesse, notre ignorance sera extirpée, nous nous délivrerons du *samsara* et toutes nos souffrances disparaîtront. La compréhension de ce processus n'est pas seulement accessible aux adeptes, elle est également à la portée des personnes de formation et d'esprit scientifiques qui parviendront ainsi à pénétrer quelques-unes des structures sous-jacentes de la vie, car, sans une collection de mérites solide et de grande ampleur, il est impossible de véritablement développer notre esprit.

Le second aspect comporte une méthode interne d'accumulation de mérites infiniment plus vaste. Son élément principal est la production d'un intense sentiment d'amour et de compassion. En général, il est courant d'offrir des bols remplis d'eau. Ici, par une transmutation intérieure, cette eau devient le vaste océan du *Dharma*. Ou encore, on offre aussi le son d'instruments de musique, mais ici le son extérieur est transformé en la musique intérieure du *Dharma* qui nous éveille de notre état d'esprit ignorant. Notre connaissance s'apparente alors à une fleur éclose d'où irradie la claire lumière, et nous offrons le pouvoir des absorptions méditatives.

Dans un endroit élevé, plaçons le *mandala* d'autel supportant cinq petits tas de riz, entouré de l'offrande des huit bols élégamment disposés (dans le sens des aiguilles d'une montre) comme sur le schéma en page ci-contre.

- **G** représente le Gourou, au centre,
- **Y** les *Yidam*, devant le méditant,
- **B** les Bouddhas,
- **D** le *Dharma*,
- **S** le *Samgha*.

Autour du *mandala* les offrandes sont disposées dans le sens des aiguilles d'une montre :

- **Ep** l'eau potable, devant le méditant, puis
- **El** l'eau pour se laver,
- **F** les fleurs,
- **En** l'encens,
- **Lu** la lumière,
- **P** l'eau parfumée,
- **N** la nourriture,
- **R** le riz qui a pour seule fonction de remplir cet endroit vide connu comme "le détenteur des directions" (c'est aussi parfois la huitième offrande, celle du son).

LE MANDALA D'AUTEL

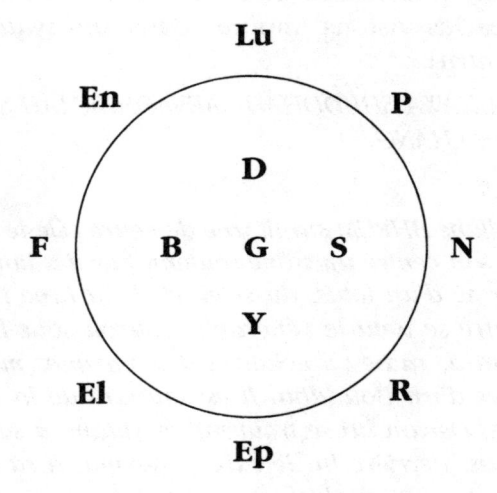

```
              Lu
       En          P
              D
    F    B  G  S    N
              Y
       El          R
              Ep
```

Pour ce qui est du *mandala* utilisé pour la pratique elle-même, s'il est en métal précieux, or, argent ou autre, son diamètre ne devrait pas être inférieur à environ six pouces (la distance séparant le pouce tendu du médium), et s'il est en métal ordinaire, cuivre ou fer, d'une coudée (la distance entre le coude et le médius tendu). Toutefois, comme dans la pratique il est d'usage d'offrir une terre pure sans prendre en compte la valeur intrinsèque de la base, il faudra en choisir une de la plus grande taille possible. C'est ce qu'affirme notre précieux maître Ngawang Legpa Rinpoché.

En ce qui concerne les substances offertes, la meilleure est la poudre de pierres précieuses, l'intermédiaire des herbes médicinales, l'inférieure diverses graines. Ces dernières seront soigneusement lavées pour en faire disparaître toute trace de poussière et de saleté. On se procurera du safran cachemirien ou népalais (ou autre selon les possibilités) que l'on diluera dans l'eau, le mélange étant ensuite appliqué sur le *mandala*.

Le rite de l'offrande du mandala

Après avoir pris refuge et engendré *bodhicitta*, dissolvons toutes les visions impures dans *shunyata* en récitant le *mantra* :

« OM SVABHAWA SHUDDHAH SARVADHARMAH SVABHAWA SHUDDHO HANG. »

Puis :

> De la syllabe BHRUM surgit une demeure céleste en joyaux avec en son centre un trône soutenu par des lions. Sur un siège formé d'un lotus, du soleil et de la lune placés l'un sur l'autre se tient le vénérable Gourou sous l'aspect de Vajradhara, radieux, éclatant des marques majeures et mineures d'un Bouddha. Il est entouré de la lignée des Gourous. Devant lui se trouvent les yidam, à sa droite les Bouddhas, derrière lui le saint Dharma, à sa gauche le Samgha. Les autres objets de refuge forment une immense nuée autour d'eux.
>
> Du cœur de chacun de ces objets jaillissent des rayons lumineux invoquant dans les dix directions les innombrables Bouddhas et leurs fils. Ils remplissent tout l'espace puis se réabsorbent dans leur propre forme ; ainsi, les êtres d'engagement (le méditant sous l'apparence d'une déité) (samayasattva) *et les êtres de sagesse* (les déités elles-mêmes) (jñanasattva) *s'unissent indissociablement.*

De notre cœur surgissent alors des déesses d'offrandes emplissant l'espace et rendant un culte aux objets de refuge :

« OM GURU BUDDHA BODHISATTVA SAPARIWARA — ARGHAM — PADYAM — PUSHPE — DHUPE — ALOKE — GHANDHE — NAIWIDE — SHABDA AH HUM. »

Récitons une fois la formule dite du "nuage d'offrandes" :

« OM NAMO BHAGAWATE VAJRA SARAPRAMARDANE TATHAGATAYA ARHATE SAMYAKSAMBUDDHAYA TADYATHA OM VAJRE VAJRE MAHATEJAVAJRE MAHAVIDYAVAJRE

MAHABODHICITTAVAJRE MAHABODHIMANDOPASAM-KRAMANA VAJRE SARVAKARMA AWARANA VISHODHANA VAJRA SVAHA. "

et ensuite la version courte de la prière en sept points :

" *Je rends hommage au saint refuge,*
J'offre une nuée d'offrandes pareilles à celles de Samantabhadra,
Je confesse toutes les erreurs et violations perpétrées depuis des temps sans commencement,
Je me réjouis de tous les mérites,
Je demande à tous les Bouddhas et à leurs fils de faire tourner la roue de la Loi,
Je les supplie de ne pas passer dans le nirvana,
Je dédie à l'éveil de tous les êtres cette accumulation de vertus. "

Il est bon aussi, si nous le souhaitons, de rendre notre culte au moyen de la prière en sept points extraite de *L'Aspiration à l'Excellente Conduite* :

" *Aux Tathagata des trois temps résidant en tous les mondes des dix directions,*
A ces lions parmi les hommes, tous autant qu'ils sont,
Je rends hommage avec la pureté
Du corps, de la parole et de l'esprit.

Par le pouvoir de cette aspiration à l'excellente conduite,
Ayant en esprit la claire vision de tous les Bouddhas,
Je m'incline et me prosterne respectueusement devant eux
Avec des corps aussi nombreux que les particules de tous les univers.

J'imagine que sur chaque particule
Des Bouddhas aussi nombreux que les atomes des univers sont assis au milieu de leurs fils ;
J'imagine toutes les sphères d'existence
Ainsi emplies de Vainqueurs.

LES PRÉLIMINAIRES EXTRAORDINAIRES

Au moyen de tous les sons d'un océan
    de tonalités mélodieuses
Exprimant des océans de louanges inépuisables
Je fais l'éloge de tous les sugata (allé-en-la-joie)
Et chante les vertus de tous les Bouddhas.

A ces Bouddhas j'offre
Fleurs et guirlandes sublimes,
Musiques, onguents et parasols somptueux,
Lumières et encens excellents.

A ces Bouddhas j'offre
Des parfums exquis et des vêtements précieux,
Des montagnes de poudres aromatiques égalant
    le Mont Meru
Et les plus sublimes arrangements.

Je forme le souhait d'offrir aux Bouddhas
Les offrandes les plus vastes et incomparables.
Avec la force de la foi en l'excellente conduite
Je fais des offrandes et rends hommage à tous les Bouddhas

Je confesse une à une
Toutes les erreurs, quelles qu'elles soient,
Accumulées sous l'emprise de l'attachement,
    de l'aversion et de l'ignorance,
Par le corps, la parole et par la pensée.

Je me réjouis des mérites
De tous les Bouddhas des dix directions et de leurs fils,
Des réalisateurs solitaires, de ceux qui étudient,
    de ceux au-delà de l'étude
Et de tous les êtres.

J'adresse ma requête aux lumières des mondes
    des dix directions,
Tous ces protecteurs qui ont progressivement obtenu le
    non-attachement et la plénitude ;
Faites tourner l'incomparable roue de la Loi !

*A tous ceux qui souhaitent montrer le passage
   du nirvana
Les mains jointes je présente cette requête :
Pour le bien et le bonheur des êtres,
Demeurez en ce monde, pour des périodes cosmiques
   aussi nombreuses que les atomes des univers !*

*Je dédie à l'éveil parfait
Le peu de bien, quel qu'il soit,
Accumulé par ces prosternations, offrandes, confession,
Réjouissances et requêtes. "*

Tenons le *mandala* de la main gauche et prenons la substance d'offrande dans la droite. En récitant le *mantra* des cent syllabes de Vajrasattva, nettoyons le *mandala* d'un mouvement du poignet droit avec la pensée que toutes les erreurs, violations de vœux et obstacles sont purifiés. Versons sur le *mandala* quelques gouttes d'eau parfumée que nous étalerons à sa surface avec les doigts. Offrir un *mandala* sec est une cause de renaissance dans un lieu désertique, le continuum de l'esprit étant dénué de "l'humidité" de la compassion. Il faut donc suivre cette procédure afin d'éviter cet inconvénient. On apprendra auprès d'un Gourou de la tradition vivante la manière de poser la substance d'offrande. De nos jours, il est courant de la laisser s'échapper par l'espace situé à l'endroit où le petit doigt touche la paume. Cette façon de faire est irrespectueuse ; faisons passer les graines ou autres par les extrémités des cinq doigts. Le tas central sera le plus élevé. Notons que former des tas trop imposants est la cause d'une renaissance dans un lieu barbare ; si les volumes respectifs empiètent les uns sur les autres, un déséquilibre intérieur susceptible de provoquer un désaccord entre maître et disciple pourrait s'ensuivre. Ne négligeons pas ces points. Mon vénérable Gourou a maintes fois insisté sur la nécessité d'être très vigilant, car de nombreux présages importants se produisent en fonction de la manière d'offrir le *mandala*. Commençons par l'offrande de trente-sept tas, poursuivons par celle de sept tas pour l'accumulation des cent mille offrandes.

La nature du *mandala* est constituée par notre corps et celui de tous les êtres ainsi que par les richesses et les vertus accumulées dans les trois temps. Il est parfaitement pur. Créé par l'esprit, il a l'aspect de millions d'univers comprenant chacun un Mont Meru, quatre continents, le soleil et la lune. Des millions de rayons lumineux irradient de ces univers avec, à leurs extrémités, des mondes de quatre continents. Ces réceptacles sont des terres pures réunissant les dix excellentes qualités : maison en terre, champ, maison en bois, bois à brûler, eau potable, eau d'irrigation, maison de pierre, meule de pierre, herbe près et loin de la maison ; leurs habitants possèdent les dix-huit conditions favorables (huit libertés et dix attributs) qui sont la base spéciale nécessaire pour la pratique du *Dharma* ; ils ont les sept qualités propres aux statuts élevés : excellente famille, beauté physique, fortune, sagesse, pouvoir, absence de maladie, longévité ; enfin ils sont dotés des quatre bonnes conditions : vivre dans un lieu favorable, s'appuyer sur de saints personnages, bénéficier des empreintes d'une pratique religieuse dans les existences passées, avoir du mérite. En outre, tous appartiennent au *Mahayana* et sont doués de facultés aiguës.

Ayant imaginé les mondes remplis de ces êtres remarquables, faisons notre offrande sans dévier de la pensée que les mondes réceptacles et leurs habitants, bien qu'existants, sont semblables à des illusions, sans réalité, dénués de nature propre et pareils à un reflet dans un miroir, à un mirage. Par ailleurs, il est dit que sans une visualisation correcte il sera très difficile de gagner de grands bienfaits par l'accumulation de cent mille offrandes accomplies en se contentant de dire le texte et de disposer les substances sur la base.

Mon vénérable maître Ngawang Legpa offrit correctement un million de *mandala* de sept tas conformément à l'ancienne tradition des maîtres Sakyapa. Si nous sommes incapables de faire ceci, présentons l'offrande courte accompagnée des versets commençant par *"Ceci est le royaume immaculé..."* ou par *"Par les vertus de l'offrande..."* en comptant le nombre d'offrandes (voir plus loin : pages 133 et 134).

Le mandala en trente-sept tas

« *OM VAJRA BHUMI AH HUM, ceci est l'univers parfaitement pur, à la puissante base d'or;*

OM VAJRA REKHE AH HUM, ceci est l'enceinte extérieure de fer avec, en son centre, la syllabe HUM et le Mont Meru, roi des montagnes. A l'est (du Mont Meru) se trouve le continent de Purva videha; au sud, celui de Jambudvipa; à l'ouest, celui d'Apara godaniya et au nord, celui d'Uttarakuru; au sud de Purva videha se trouve le sous-continent de Deha et au nord, celui de Videha; à l'ouest de Jambudvipa, le sous-continent de Camara et à l'est celui d'Apara camara; au nord d'Apara godaniya le sous-continent de Satha et au sud, celui d'Uttara mantrina; à l'est d'Uttarakuru, le sous-continent de Kurava et à l'ouest, celui de Kaurava; à l'est se trouvent les montagnes précieuses; au sud les arbres-à-souhaits; à l'ouest les vaches intarissables; au nord les récoltes spontanées; à l'est les précieuses roues; au sud les précieux joyaux, à l'ouest les précieuses reines, au nord les précieux ministres; au sud-est les précieux éléphants; au sud-ouest les précieux chevaux; au nord-ouest les précieux chefs d'armée; au nord-est les vases à trésor; à l'est les déesses de la beauté; au sud les déesses des guirlandes; à l'ouest les déesses du chant, au nord les déesses de la danse; au sud-est les déesses de l'encens; au sud-ouest les déesses des fleurs; au nord-ouest les déesses des lumières; au nord-est les déesses des parfums; à l'est le soleil; à l'ouest la lune; au sud les précieux parasols; au nord la bannière de victoire dans toutes les directions.

Cette offrande parfaite des richesses des dieux et des hommes, je la dépose devant le saint Gourou racine, glorieux et très compatissant, ainsi que devant les Gourous de la lignée, les déités des mandala des yidam, les bodhisattvas, les dharmapala et les puissants dieux de prospérité.

> *Par compassion, acceptez-la pour le bien des êtres ; l'ayant acceptée, accordez vos bénédictions afin que s'élève en mon continuum mental la réalisation complète des collections de mérites et de sagesse transcendante. Accordez vos bénédictions afin que les deux voiles et leurs traces soient écartés. Accordez vos bénédictions afin que naisse en mon continuum mental l'absorption méditative* (samadhi) *spéciale des deux stades de production et d'achèvement. Accordez vos bénédictions afin que j'atteigne le plan sacré : les deux corps d'un Bouddha.* "

Comme vu plus haut, tenant le *mandala* de la main gauche, prenons quelques graines (ou autres) avec le pouce et l'index de la main droite et nettoyons entièrement la base avec le poignet droit en la frottant plusieurs fois dans le sens des aiguilles d'une montre. Si le *mandala* n'est pas débarrassé de toute trace d'impureté, il en sera de même pour nous : nous serons incapables de vaincre les perturbations de notre esprit. En essuyant le *mandala*, récitons le *mantra* des cent syllabes de Vajrasattva, imaginant que nous éliminons les erreurs, les maux et les obstacles que rencontrent les êtres (même si la base est propre, n'omettons pas de la nettoyer). De cette manière les trois portes que sont le corps, la parole et l'esprit sont purifiées.

Le monde du *mandala* ne ressemble au nôtre qu'en apparence. Notre monde est le produit des actions des êtres, celui du *mandala* est une manifestation du mérite, de la richesse et du corps passé, présent et futur de celui qui offre. Présentons le *mandala* en réunissant toute notre énergie, formant les tas avec les mains, prononçant les mots à voix haute et visualisant l'objet de méditation avec l'esprit. Déposons les graines que nous avions dans la main, puis versons un peu d'eau parfumée sur la base. Reprenons quelques graines. Ensuite, tandis que nous récitons OM VAJRA BHUMI... traçons une ligne du centre vers le nord-est avec l'index et le médium de la main droite, puis dessinons une ligne continue du nord-est au sud-est, de là jusqu'au nord-ouest pour terminer au nord-est, de façon à former un carré. Le Bouddha se tient *à l'est*, c'est-à-dire *en face* de nous; donc, nous commençons par tracer une diagonale s'éloignant de nous par la gauche vers un point situé à la droite du Bouddha. Simultanément, visualisons que sous le *mandala* de la terre se trouve le *mandala* de l'eau, lui-même placé sur celui de l'air. Tous ont une circonférence identique, avec cette distinction que le *mandala* de l'air est deux fois plus profond que celui de l'eau, lequel a une profondeur double de celle du *mandala* de la terre. Ne considérons pas les instruments que nous utilisons comme de simples symboles, nous devons percevoir un monde véritable.

Tandis que nous récitons OM VAJRA REKHE... traçons une ligne sur le pourtour du *mandala* dans le sens des aiguilles d'une montre en partant du nord-est. A présent, visualisons un cercle de métal: ce sont les montagnes de fer formant une muraille qui délimite le *mandala* de la terre. En prononçant *au centre...* posons des graines au milieu du *mandala* en y visualisant un HUM bleu.

Avec les mots *le Mont Meru, roi des montagnes*, imaginons que ce sommet, entouré de quatre terrasses, se dresse dans un vaste océan au centre du *mandala*. Ses versants sont de diamant blanc à l'orient, de saphir au midi, de rubis à l'occident, d'or au septentrion. Le Mont Meru est entouré de sept chaînes montagneuses en or, de forme carrée, au-delà desquelles sont situés les quatre continents, un sur chaque côté. Derrière eux se trouvent les montagnes de fer de la circonférence. L'océan s'étend dans tous les espaces intermédiaires. Le Mont Meru, les montagnes et les quatre continents reposent sur le *mandala* de la terre. Il n'y a pas de mer au-dessous.

La hauteur de la terrasse supérieure du Mont Meru est double de celle de la première chaîne intérieure de montagnes d'or qui est elle-même deux fois plus haute que la seconde, elle-même deux fois plus que la troisième et ainsi de suite. La partie de l'océan qui s'étend entre la première chaîne et le Mont Meru est deux fois plus large que celle située entre la première et la seconde, laquelle est double de celle entre la seconde et la troisième et ainsi de suite dans les mêmes proportions (1).

En prononçant *à l'est le continent de Purva videha,* posons des graines à l'orient en imaginant une grande terre blanche de diamant, à la forme semi-circulaire (2).

En prononçant *au sud celui de Jambudvipa,* posons des graines au midi en imaginant une grande terre bleue de saphir, à la forme trapézoïdale (3).

En prononçant *à l'ouest celui de Apara godaniya,* posons des graines à l'occident en imaginant une grande terre de rubis, à la forme circulaire (4).

En prononçant *au nord celui d'Uttarakuru,* posons des graines au septentrion en imaginant une grande terre d'or, à la forme carrée (5).

Les huit sous-continents sont situés par groupe de deux de chaque côté des quatre continents. Seule leur taille, qui est moitié moindre, diffère. Posons des graines en récitant leurs noms (6–13).

En prononçant *les montagnes précieuses,* plaçons un tas devant le continent oriental en imaginant que les trois continents de l'est sont couverts de hautes montagnes grandioses de pierres précieuses (14).

En prononçant *les arbres-à-souhaits,* posons un tas au midi en imaginant que les trois continents méridionaux sont couverts d'épaisses forêts d'arbres à joyaux dont les troncs, les branches, les feuilles et les fleurs sont de substances rares et de pierreries (15).

En prononçant *les vaches intarissables,* posons un tas à l'ouest en imaginant que les trois continents occidentaux abondent en vaches magnifiques dont les cornes et les sabots s'apparentent à des gemmes bleues. Tous les biens matériels que l'on peut désirer surgissent de chaque pore de leur peau (16).

En prononçant *les récoltes spontanées,* posons un tas au nord en imaginant les riches cultures des trois continents septentrionaux. La terre n'y est ni labourée ni ensemencée et les céréales se développent naturellement. Aussitôt après la moisson, les champs sont déjà couverts d'épis mûrs (17).

En prononçant *les précieuses roues,* formons un tas à l'est du *mandala* en imaginant que les cieux au-dessus des contrées orientales sont remplis d'innombrables roues d'or à mille rayons (18).

En prononçant *les précieux joyaux,* formons un tas au sud en imaginant que les cieux au midi sont remplis d'innombrables pierreries desquelles tombe une pluie d'objets exauçant les souhaits. Elles illuminent les régions avoisinantes et guérissent les maladies (19).

En prononçant *les précieuses reines,* formons un tas à l'ouest en imaginant une profusion de reines dans les cieux occidentaux. Belles, vertueuses, sans jalousie ni colère ni convoitise, elles satisfont les vœux des monarques (20).

En prononçant *les précieux ministres,* formons un tas au nord en imaginant les cieux septentrionaux remplis de ministres savants et clairvoyants qui exécutent sans faillir les ordres royaux. Ils sont aussi capables de découvrir des trésors souterrains (21).

En prononçant *les précieux éléphants,* formons un tas au sud-est en imaginant les cieux de cette région remplis d'innombrables éléphants blancs pareils à des montagnes enneigées. Doués de la faculté de déplacement, ils ont la capacité de vaincre tous les ennemis (22).

En prononçant *les précieux chevaux,* formons un tas au sud-ouest en imaginant les cieux de cette région remplis d'innombrables étalons répondant au nom de "Omniscient", capables de parcourir le monde en une demi-journée et de répondre aux désirs de leurs cavaliers (23).

En prononçant *les précieux chefs d'armée,* formons un tas au nord-ouest en imaginant les cieux de cette région remplis de chefs de guerre qui triomphent des adversaires sans leur nuire (24).

En prononçant *les précieux vases à trésor,* formons un tas au nord-est en imaginant les cieux de cette région remplis d'innombrables vases à trésor qui dispensent toutes les richesses désirées. D'élégantes étoffes sont nouées à leur col et des branches de gemmes ornent leur orifice (25).

En prononçant *les déesses de la beauté,* formons un tas au sud-est en imaginant les cieux de cette région peuplés d'innombrables déesses blanches, les mains gracieusement posées sur les hanches, un *vajra* (sceptre adamantin) dans chaque main (26).

En prononçant *les déesses des guirlandes,* formons un tas au sud-ouest en imaginant les cieux de cette région peuplés d'innombrables déesses jaunes qui élèvent des guirlandes de fleurs à hauteur du front (27).

En prononçant *les déesses du chant,* formons un tas au nord-ouest en imaginant les cieux de cette région peuplés d'innombrables déesses blanches et rouges, un luth à la main (28).

En prononçant *les déesses de la danse,* formons un tas au nord-est en imaginant les cieux de cette région peuplés d'innombrables déesses vertes, un *vajra* dans chaque main (29).

En prononçant *les déesses de l'encens,* formons un tas au sud-est en imaginant que d'innombrables déesses blanches portant des vases d'encens apparaissent sur les montagnes extérieures de cette région (30).

En prononçant *les déesses des fleurs,* formons un tas au sud-ouest en imaginant que d'innombrables déesses jaunes, tenant des vases de fleurs, apparaissent sur les montagnes extérieures de cette région (31).

En prononçant *les déesses des lumières,* formons un tas au nord-ouest en imaginant que d'innombrables déesses rouges et blanches portant des lampes apparaissent sur les montagnes extérieures de cette région (32).

En prononçant *les déesses des parfums,* formons un tas au nord-ouest en imaginant que d'innombrables déesses vertes, avec en mains des conques marines remplies d'eau parfumée, apparaissent sur les montagnes extérieures de cette région (33).

En prononçant *le soleil,* formons un tas dans la région intérieure est en imaginant un soleil brillant d'une lumière ardente dans la chaîne intérieure de montagnes d'or (34).

En prononçant *la lune,* formons un tas dans la région intérieure ouest en imaginant une lune brillante diffusant une lumière rafraîchissante (35).

En prononçant *les précieux parasols,* formons un tas dans la région intérieure sud en imaginant d'innombrables parasols de cérémonie suspendus dans les cieux au-dessus de la chaîne intérieure des montagnes méridionales. Ils sont d'étoffes célestes avec des pommeaux d'or et d'énormes gemmes en guise de pointes (36).

En prononçant *les bannières de victoire,* formons un tas dans la région intérieure nord en imaginant d'innombrables bannières suspendues dans les cieux au-dessus de la chaîne intérieure des montagnes septentrionales. Elles sont d'étoffes célestes avec des pommeaux d'or et d'énormes gemmes en guise de pointes (37).

Finalement, éparpillons une large poignée de graines sur toute la surface du *mandala* en récitant :

" *Ceci est l'offrande de la totalité des richesses et des splendeurs les plus agréables et complètes qui existent chez les hommes et chez les dieux.* "

Imaginons alors une profusion des **huit signes de bon augure** (le précieux parasol, les poissons d'or, le vase, le lotus, la conque marine blanche, le nœud, la bannière de victoire, la roue d'or), des **huit substances de bon augure** (le miroir, la teinture vermillon, la conque marine blanche, le médicament fabriqué à partir d'extraits de cervelle d'éléphant, l'herbe durva, le fruit bilva, le lait caillé, les graines de moutarde blanche), des **sept richesses mineures d'un monarque** (la couche, le trône, le coussin, l'épée, les chaussures, la peau de serpent, la robe), et des **cinq objets des sens** (le miroir, les fruits, le tissu, les cymbales, l'eau parfumée). Cette abondance de richesses remplit les **treize lieux principaux** (le Mont Meru, les quatre continents et les huit sous-continents) ainsi que l'espace tout entier.

La description de ce *mandala* est celle d'un monde de quatre continents. A présent, visualisons que le *mandala* contient mille univers comme celui-ci, chacun entouré de sa chaîne extérieure de montagne de fer, situés à l'intérieur d'une plus grande chaîne de montagnes de fer. Ces univers constituent ce que l'on appelle le "premier millier". Mille de ces univers entourés d'un autre cercle de montagnes de fer constituent le "deuxième millier". Mille de ces univers du deuxième millier à l'intérieur d'une autre enceinte constituent le "troisième millier". Imaginons alors que de ce milliard d'univers jaillissent cent rayons de lumière portant chacun à leur extrémité un grand lotus en matières précieuses dont la taille égale celle du troisième millier. Chaque lotus porte un autre univers du troisième millier. A nouveau, de chacun de ceux-ci irradient cent rais se terminant par une fleur de lotus sur laquelle repose un univers du troisième millier. La visualisation est multipliée ainsi jusqu'à ce que l'espace entier soit rempli. Chacun de ces *mandala* est lumineux et clairement distinct des autres.

Quand cette offrande est accomplie avec un esprit unifié et une perception limpide de l'objet visualisé, elle équivaut en tous points à celle que l'on pourrait réaliser matériellement. Ceci témoigne de l'importance essentielle des facteurs de concentration et de visualisation. De cette manière, les deux collections sont rapidement parachevées. Avec un esprit d'où la distraction n'est pas bannie, cette capacité d'accomplissement fera défaut, notre seule réussite consistant alors à disposer des petits tas de graines sur une base circulaire plate !

Notons pour finir qu'on devra ranger les graines après chaque journée de pratique et aussi qu'il est bon d'en rajouter fréquemment. Lorsqu'elles seront remplacées, débarrassons-nous des graines anciennes dans un endroit propre, par exemple sur un tertre campagnard.

Ceci conclut l'enseignement ayant trait à l'offrande du *mandala* en trente-sept tas. On devra l'exécuter plusieurs fois par jour. Toutefois, si cela s'avère impossible, dans l'optique des préliminaires on pourra se contenter des versions abrégées expliquées ci-après.

Le mandala en sept tas

" *OM VAJRA BHUMI AH HUM, ceci est l'univers parfaitement pur à la puissante base d'or,*

OM VAJRA REKHE AH HUM, ceci est l'enceinte extérieure de

fer avec, en son centre, la syllabe HUM et le Mont Meru, roi des montagnes.

A l'est (du Mont Meru) le continent Purva videha.

Au sud Jambudvipa.

A l'ouest Apara godaniya.

Au nord Uttarakuru.

Le soleil.

La lune.

Cette offrande parfaite des richesses des dieux et des hommes, je la dépose devant les Gourous de la lignée, les déités des mandala des yidam, les bodhisattvas, les dharmapala et les puissants dieux de prospérité. Par compassion, acceptez-la pour le bien des êtres; l'ayant acceptée, accordez-moi vos bénédictions. "

Les instructions pour le *mandala* en trente-sept tas sont applicables ici aussi.

La brève offrande du mandala composée par Sakya Pandita

" *Ceci est le royaume immaculé comportant en son centre Sumeru, le roi des montagnes, orné des quatre continents et des cinq objets des sens, du soleil et de la lune. Cette offrande comprend les richesses des hommes et des dieux, tout ce que l'on peut souhaiter (les sept précieux emblèmes de la royauté, les vaches intarissables, les arbres-à-souhaits, les récoltes spontanées, l'or et l'argent et une inconcevable quantité de grains sans imperfection) et une profusion des plus magnifiques objets. Je les offre aux Gourous et aux Bouddhas. Puissé-je atteindre le stade d'un parfait Bouddha.*

OM GURU BUDDHA BODHISATTVA SAPARIWARA RATNA MANDALA PUJA MEGHA SAMUDRA SPHARANA SAMAYE AH HUM. "

La brève offrande du mandala pratiquée pour les préliminaires

De nos jours, pour l'accumulation de cent mille offrandes, on récite le plus souvent le verset suivant tout en disposant sept tas : le Mont Meru, les quatre continents, le soleil et la lune :

« *Par les vertus de l'offrande aux champs des Bouddhas
   imaginés devant moi
   De cette base parfumée et parsemée de fleurs,
   Ornée du Mont Meru, des quatre continents, du soleil et de
   la lune,
   Puissent tous les êtres jouir de ces sphères immaculées !* »

Concluez chaque séance par le *mantra* :

« OM GURU BUDDHA BODHISATTVA SAPARIWARA RATNA MANDALA PUJA MEGHA SAMUDRA SPHARANA AH HUM. »

Vous pouvez aussi réciter cette prière, avant de conclure par le *mantra* :

« *Les substances de cette offrande forment un océan de royaumes immaculés orné d'un nuage d'offrandes variées aussi nombreuses que les particules d'un océan. De ce nuage des rais de lumière jaillissent dans les dix directions ; à la pointe de chaque rayon se trouve une gemme en forme de lotus d'où émane une lumière produisant l'essence de purs domaines aussi nombreux que les particules d'un océan. Ces domaines contiennent en abondance et à volonté les objets des sens destinés aux hommes et aux dieux. Pareille aux miraculeuses offrandes de Samantabhadra est cette nuée créée par l'esprit vertueux. Elle remplit l'espace, tout comme le dharmadhatu imprègne toute chose. Elle demeure aussi longtemps qu'existent des êtres et le dharmadhatu. Sans cesse, je l'offre au Bouddha, le roi du Dharma, et à son entourage de bodhisattvas, de pratyekabuddha et de shravaka accomplis. Puissent-ils tou-*

jours apprécier ces offrandes. Depuis cet instant jusqu'à l'essence de l'éveil, pour le bien des êtres, je leur offre respectueusement mon corps, mes richesses et mes vertus des trois temps. O saints Gourous qui possédez l'œil omniscient, qui êtes dignes d'hommages, par compassion pour moi acceptez mon offrande, et après l'avoir acceptée, accordez-moi vos bénédictions ! "

Vajrasattva (tib. : Dorjé Sempa)

4. La méditation de Vajrasattva

Cette pratique nécessite la bénédiction et l'initiation (transmission de pouvoir ; tib.: wang) d'un Gourou. Sans celles-ci, sa force et ses effets bénéfiques seront moindres.

La méditation débute par la prise de refuge et le développement de *bodhicitta*.

Récitons trois fois :

« Je prends refuge dans le Gourou, le Bouddha, le Dharma et le Samgha jusqu'à la réalisation de l'illumination. Par la vertu acquise grâce au don et aux autres paramita puissé-je atteindre la complète purification pour le bien des êtres. »

Puis :

Instantanément, au sommet de ma tête apparaît Vajrasattva assis sur un siège formé d'un lotus posé sur la lune. Son corps est de couleur blanche. Dans sa main droite il tient à hauteur du cœur le vajra et dans la gauche, contre son côté, la cloche rituelle dont l'ouverture est tournée vers sa hanche. Il est paré des six ornements d'os et revêtu de précieuses soieries. Assis les jambes croisées dans la position du vajra, il est couronné par le maître de sa race qui a la même apparence que lui.

Dans son cœur, sur un disque lunaire, se trouve la syllabe HUM blanche. Des rayons lumineux irradient du HUM, invoquant l'essence de l'esprit de tous les Tathagata sous la forme du nectar de sagesse transcendante qui est absorbé dans le HUM.

Prions ainsi :

« *O Bhagavat Vajrasattva, je vous supplie de nous laver et de nous purifier, moi et tous les êtres, de nos mauvaises actions, de nos erreurs, des obstacles et impuretés que nous avons accumulés dans ce samsara sans commencement.* »

Le nectar s'écoule du HUM et remplit le corps de Vajrasattva, puis sort par sa partie inférieure et pénètre par le sommet de ma tête ; il éjecte toutes les maladies, esprits malveillants, fautes et obstacles sous l'aspect d'excréments et d'urine par les deux orifices inférieurs, et sous celui d'un liquide couleur de fumée, de pus et de sang par la plante des pieds. Puis mon corps se remplit entièrement de nectar.

Tout en maintenant cette visualisation purificatrice, répétons le *mantra* des cent syllabes vingt et une fois au moins ou autant que nous le pouvons :

« *OM VAJRASATTVA SAMAYA MANUPALAYA VAJRASATTVA TVENO-PATISHTA DRIDHO ME BHAVA SUPOSHYO ME BHAVA ANU-RAKTO ME BHAVA SUTOSHYO ME BHAVA SARVASIDDHIM ME PRAYACCHA SARVAKARMASU CA ME CITTAM SHREYAH KURU HUM HA HA HA HA HOH BHAGAVAN SARVATATHAGATA VAJRA MA ME MUNCA VAJRIBHAVA MAHASAMAYASATTVA AH.* »

Puis :

« *Trompé par l'ignorance j'ai enfreint et brisé mes promesses. O Gourou et protecteur, soyez mon refuge ! Dans le sublime Vajradhara dont l'essence est la grande compassion, dans le seigneur des êtres, je prends refuge. Je confesse toutes mes transgressions des vœux principaux et secondaires. Je vous en supplie, lavez-moi et purifiez-moi de l'accumulation d'actes nuisibles, des obstacles, fautes et impuretés !* »

Alors, satisfait de cette requête, Vajrasattva dit :

« *O fils d'excellente famille, en raison de ta foi profonde la purification est effective ; tes impuretés sont entièrement nettoyées et tes vœux rétablis et renouvelés.* »

Vajrasattva se dissout en lumière qui s'absorbe par le sommet de ma tête et mon corps se transforme en un arc-en-ciel.

La pratique se termine par la prière suivante :

« Par cette vertu, puissé-je atteindre le rang de Vajrasattva et placer rapidement tous les êtres sans exception à ce niveau. »

Explications

Lors de la récitation du *mantra* de cent syllabes, on divisera la visualisation en trois périodes égales de concentration. Ainsi, dans le cas où il serait répété ving et une fois, chaque visualisation sera maintenue pendant sept récitations ; répété trois cent fois, pendant cent, et ainsi de suite. Les voici :

- Dans un premier temps, afin de purifier les maladies et affections diverses, visualisons qu'un nectar multicolore s'écoule de Vajrasattva et nous pénètre. Il purifie toutes les maladies, lesquelles sortent de notre corps sous la forme d'excréments et d'urine par les deux orifices inférieurs, et sous celle d'un liquide nauséabond par la plante des pieds.

- Dans un second temps, afin d'écarter les esprits malfaisants, démons et autres obstacles, visualisons que le nectar s'écoulant de Vajrasattva a l'aspect d'un liquide cuivré contenant en grand nombre des petites manifestations des déités courroucées Hayagriva et Vajrapani. Tandis que le nectar remplit notre corps, les esprits malveillants, démons et obstacles sont éjectés par nos ouvertures inférieures sous la forme de serpents, scorpions, araignées et autres créatures répugnantes.

- Dans un troisième temps, afin de nous purifier des actions nuisibles et des souillures de l'esprit, le nectar s'écoulant de Vajrasattva est imaginé comme un liquide blanc. Il nous remplit entièrement et déborde par le sommet de la tête pour recouvrir notre corps. Visualisons que les actions nuisibles, erreurs et impuretés quittent celui-ci par les deux ouvertures inférieures et la plante des pieds sous la forme d'un liquide noirâtre, couleur de fumée. Intérieurement notre corps est alors rempli de nectar immaculé et extérieurement il en est recouvert. L'ensemble des fautes ainsi que des perturbations intérieures et extérieures se trouve ainsi purifié.

Pour produire des résultats corrects par cette méditation, il faut constamment garder à l'esprit les quatre pouvoirs expliqués ci-après ; plus particulièrement au moment de la confession, c'est-à-dire, dans ce cas précis, tout de suite après la fin de la récitation du *mantra*

1. *Le pouvoir du temple.* Il s'agit du pouvoir de la foi dans le temple où l'on prend refuge, pour y confesser ses fautes, etc... Dans cette méditation, le temple est le Bienheureux Vajrasattva, assis au sommet de la tête du méditant. Vajrasattva ici représente l'essence des Trois Joyaux et c'est en lui que nous plaçons notre foi et que nous prenons refuge.

2. *Le pouvoir du regret.* Il s'agit du regret que l'on éprouve pour toutes les mauvaises actions du corps, de la parole et de l'esprit commises au cours du *samsara* sans commencement. On éprouve le regret de les avoir perpétrées tout comme celui qui avale du poison le regrette profondément.

3. *Le pouvoir de la détermination.* Il s'agit du pouvoir de renoncer à l'avenir à tous les actes non-vertueux du corps, de la parole et de l'esprit. On promet de ne plus jamais commettre d'actes mauvais, même au prix de sa vie, et au contraire d'agir vertueusement au bénéfice de soi-même et de tous les êtres sensibles.

4. *Le pouvoir de la régénération* : c'est le pouvoir de conviction dans l'efficacité de cette purification. On n'a aucun doute sur le fait que toutes les mauvaises actions, les esprits mauvais et toutes les négativités ont été effectivement purifiés par cette méditation. Ayant fait la méditation de façon correcte, on est convaincu sans aucun doute de s'être lavé de toutes les impuretés. Il faudrait faire cette méditation et répéter le *mantra* 100 000 fois ou jusqu'à ce qu'apparaissent les signes de la purification. Ces signes se révèlent par le fait qu'on devient calme et paisible dans la vie de tous les jours ; on aime faire des actes vertueux ; on fait des rêves où l'on se baigne, où l'on vole dans le ciel, où l'on voit des saletés ou des créatures immondes quitter notre corps, ou bien où l'on se voit boire du lait frais ou du lait caillé.

Cette pratique est l'un des fondements des niveaux supérieurs sans lesquels on ne peut atteindre de réalisations, quelle que soit la profondeur des enseignements ou des initiations reçues. Si l'on désire une bonne moisson il faut d'abord semer correctement. De même, sans la semence de la purification, la moisson de l'éveil ne peut mûrir.

5. Le Guruyoga (Yoga du Gourou)

Celui qui désire recevoir l'influence spirituelle doit pratiquer le *Guruyoga* (dévotion au maître spirituel) en commençant par la prise de refuge et la production de *bodhicitta*. Puis, il récitera ce qui suit avec la visualisation appropriée :

> *Au sommet de ma tête sur un trône soutenu par des lions surmonté du soleil et de la lune, est assis le Gourou racine, Vajradhara, le seigneur tout embrassant. Son corps est bleu, il tient le vajra et la cloche rituelle dans ses mains croisées sur le cœur. Sous sa forme de sambhogakaya, paré d'ornements, de pierreries et d'os, il est revêtu de soieries. De son cœur la lumière jaillit, invoquant les Gourous et bodhisattvas, les dharmapala et les divinités de prospérité des dix régions. Tous sont absorbés en lui sans dualité et deviennent indissociables du Gourou qui est ainsi l'essence de tous les refuges.*

On récite cette louange :

> " *O précieux et glorieux Gourou racine assis sur un trône de lotus au sommet de ma tête, vous qui, dans votre grande bonté, m'avez accueilli, accordez-moi les siddhi du corps de la parole et de l'esprit. Je m'incline aux pieds de lotus de l'acharya dont le corps s'apparente à un joyau. Grâce à son immense bienveillance, mahasukha* (la béatitude suprême) *surgit en un instant. Le Gourou est le Bouddha, le Gourou est le Dharma, de même le Gourou est le Samgha ; leur activité est celle du Gourou, devant le Gourou je m'incline.* "

Puis l'on dira les hymnes au Gourou que l'on connaît et l'on récitera la prière à la lignée des Gourous du Lam Dré à laquelle appartient Sa Sainteté Sakya Trizin.

> « *J'offre ma prière aux quatre Gourous omniscients, eux qui sont à l'origine de la pluie incessante des quatre excellentes consécrations tombée sur le sol des quatre mandala immaculés et qui ont ainsi augmenté la moisson des quatre corps.*
>
> *J'offre ma prière à Vajradhara, le Tout Embrassant, à Nairatmya, au Mahasiddha Krishnapada, à Damarupa, à Avadhutipa et Gayadhara. J'offre ma prière au grand Drogmi, à Séteun Kunrig, à Sangteun Cheubar ainsi qu'aux Sakyapa de bon augure, les vénérables frères Seunam Tsémo et Dragpa Gyaltsen, le seigneur érudit* (pandita) *du Dharma Sakya Pandita Kunga Gyaltsen et à Cheugyal Phagpa.*
>
> *Par les bénédictions de cette prière, le renoncement et les deux aspects de bodhicitta (aspiration et engagement) naîtront en moi. Après avoir développé une joie enthousiaste grâce à l'écoute des qualités du fruit, accordez-moi votre inspiration afin que j'entre sur le sentier du grand secret !* »

Telle est la prière de la lignée. En particulier, la stance suivante devrait être répétée cent mille fois:

> « *J'offre ma prière au précieux Gourou, la réunion de tous les refuges. Seigneur du Dharma profondément bienveillant, ô incomparable et magnanime, regarde-moi avec compassion et accorde-moi tes bénédictions dans cette vie, dans le bardo* (état intermédiaire) *et dans l'existence prochaine !* »

Concentrons-nous sans distraction sur le fait que le Gourou est la quintessence de tous les objets de refuge. Lui seul est en mesure de nous conférer les accomplissements ordinaires et extraordinaires. Après avoir engendré une profonde et forte confiance en lui, poursuivons en méditant jusqu'à ce que, dans notre dévotion, les poils de notre corps se dressent et les larmes inondent notre visage.

Concluons la séance en récitant et en visualisant ce qui suit :

" *Ravi, le saint Gourou se dissout en lumière et s'absorbe en moi par le sommet de ma tête. Mes trois portes et le triple secret du Gourou (son corps, sa parole et son esprit) deviennent indissociables. Les quatre voiles (du corps, de la parole, de l'esprit et des trois ensemble) sont levés, les quatre consécrations acquises et les graines des quatre corps plantées dans mon continuum mental.* "

Ensuite, relâchons les tensions de l'esprit puis tranchons les conceptualisations des trois temps et méditons dans cette compréhension :

— la nature de l'esprit n'est rien d'autre que le *dharmakaya* ;
— son reflet, nulle part arrêté, est le *sambhogakaya* ;
— la grande dévotion continuellement active est le *nirmanakaya* ;
— l'absence de méditation et de méditant est le *svabhavikakaya* (corps de nature).

Lorsque des pensées s'élèvent, évoquons les excellences du Gourou et cultivons le fort désir de perpétuer ses activités. Concluons en scellant notre pratique par une dédicace et des prières telles que celle-ci :

" *Dans toutes mes existences puissé-je ne jamais être séparé de vrais Gourous ; grâce à la parfaite réalisation du sublime Dharma et des qualités des étapes de la voie puissé-je rapidement accéder au rang de Vajradhara !* "

Tout ceci ne constitue que les enseignements communs. On recueillera de la bouche du Gourou les explications relatives aux points importants de la pratique extraordinaire. Le *Guruyoga* est l'essence du sentier du *mantra* secret. Il est dit que pour les personnes supérieures il est le vrai chemin vers l'éveil ; pour ceux de moyenne capacité la méthode pour préserver les promesses solennelles ; il est l'observance préliminaire donnant accès à la voie principale pour les pratiquants inférieurs, et, pour les plus faibles, il est l'autel devant lequel sont confessées les fautes.

LES PRELIMINAIRES EXTRAORDINAIRES

Selon la tradition de Sakya Pandita chacun des préliminaires de base devra être exécuté cent mille fois.

ooo

Ce texte intitulé *L'Excellente Voie des Deux Collections,* qui traite de la manière de pratiquer et de réciter les préliminaires fondamentaux d'accumulation et de purification selon l'admirable tradition Sakya détentrice de la parole du Bouddha, a été composé par Déchoung Tulkou Kunga Tenpey Nyima à partir d'anciens exposés de cette école et d'instructions portant sur le *Lam Dré* de Gateun Vajradhara Ngawang Legpa Rinpoché. Les commentaires sont basés sur des enseignements oraux de Sa Sainteté Sakya Trizin et d'autres maîtres Sakyapa.

Appendice A

La tradition de Manjushri de l'école Sakyapa

*Les lettres telles qu'elles apparurent
à Pelden Atisha
sur la montagne Peunpori*

DHIH DHIH DHIH

HUNG

DHIH DHIH DHIH DHIH

HRIH

1. La prophétie de Pelden Atisha

Quand le grand pandit indien, Pelden Atisha, quitta les montagnes neigeuses de la frontière tibétaine, il traversa les régions tout au sud de Tsangtseu puis remonta vers le nord à travers cette province en direction de Theuling. Il arriva ainsi à la montagne Peunpori en forme d'éléphant qui domine cette région, appelée plus tard Sakya. Se reposant sur les bords de la rivière qui coule au pied de cette montagne, il promena son regard sur le paysage devant lui.

Sur la pente sombre de la montagne on pouvait voir une grande tache de terre, blanche comme un miroir. Tout près paissaient deux yaks noirs sauvages. A leur vue, Pelden Atisha se tourna vers les disciples qui l'accompagnaient et prédit l'apparition en cet endroit de deux aspects de Mahakala, protecteur du saint *Buddhadharma*. Puis le Gourou se prosterna en direction du cercle blanc où il voyait sept représentations lumineuses de la lettre DHIH, symbolisant le *mantra* du bodhisattva Manjushri. Il y voyait briller aussi les lettres HRIH et HUNG, symboles d'Avalokiteshvara et de Vajrapani. Cela signifiait, expliqua Pelden Atisha, que sept émanations de Manjushri ainsi qu'une émanation d'Avalokiteshvara et de Vajrapani apparaîtraient ici pour le bénéfice de tous les êtres vivants. L'accomplissement de cette prophétie se vérifia au cours des siècles dans l'histoire tibétaine.

2. La dynastie Sakya Keun

D'après la tradition, il y a bien longtemps, trois frères de la race céleste appelée Lha-rig descendirent du ciel Abhasvara et s'établirent sur le sommet d'une montagne de cristal de sel au Tibet. Les deux frères aînés, Chiring et Youring retournèrent bientôt vers les régions célestes. Le plus jeune cependant, Youssé, resta sur terre avec sa famille. Son petit-fils Yapangkyé, épousa Yatoug Silima qui lui donna un fils. Ce garçon s'appela Kheunbar Kyé. C'est avec lui que commença la lignée terrestre qu'on nomma par la suite la dynastie Keun. On trouve le récit de ces événements dans le livre d'histoire tibétaine, *Sakya Punrab Chenmo*.

Les descendants de cette lignée furent hautement estimés. Leur générosité, leur vertu et leur autorité étaient célèbres. Au bout d'un certain temps, une branche de la famille Keun arriva jusqu'à la vallée Sakya, au sud des fleuves Tsangpo et Rhé. Elle s'y installa, et pendant quatorze générations, mit en pratique les enseignements de l'école Nyingmapa, apportés de l'Inde par Padmasambhava. Au bout de ce temps, sous l'autorité de Shérab Tsultim, les descendants de la famille Keun se séparèrent de cette tradition. Il semble que l'exposition publique fréquente des symboles tantriques et de leur signification cachée ait amené Shérab Tsultim à craindre que cela puisse nuire aux *yogin*. Il décida donc que seules seraient enseignées désormais de nouvelles pratiques tantriques provenant directement de l'Inde.

Pour cette raison, son jeune frère, Keunchog Gyelpo, fut envoyé à Mugulung afin d'étudier sous la direction du célèbre traducteur Drogmi Lotsawa, contemporain de Pelden Atisha.

Drogmi Lotsawa était un disciple du saint Gayadhara et possédait une grande connaissance des *tantra*. Il allait devenir un des éminents enseignants de l'époque. Grâce à lui et à d'autres Gourous, Keunchog Gyelpo acquit lui aussi une grande connaissance de ces nouvelles méthodes tantriques indiennes. A l'âge de 40 ans, il chercha à bâtir un monastère et choisit un site juste en dessous de la tache blanche de la montagne Peunpori. C'est ainsi que ce monastère prit par la suite le nom de Sakya (terre blanche).

En l'an 1092, l'épouse de Keunchog Gyelpo donna naissance à un garçon qui reçut le nom de Sachen Kunga Nyingpo. Dès sa petite enfance et de manière tout à fait précoce le garçon montra une grande sagesse et une aptitude intellectuelle propre à recevoir les enseignements religieux de son père. A l'âge de onze ans, il pratiqua le *sadhana* d'Arapacana Manjushri sous la direction de Bari Lotsawa. Après avoir médité six mois sur ce thème, l'Arya Manjushri lui apparut et lui donna son enseignement, en même temps que l'essence de la doctrine du *Zenpa Zidel* (tib. ; L'Abandon des Quatre Attachements). Cette doctrine (tib. : snying-po) est l'essence du *Dharma* et renferme les enseignements des trois véhicules (*Hinayana*, *Mahayana* et *Tantrayana*).

Quand il eut lui-même intégré tout l'enseignement de Manjushri, il le transmit à ses deux fils, Seunam Tsémo et Dragpa Gyaltsen. Ces derniers, à leur tour, le passèrent à Sakya Pandita qui le donna à Cheugyal Phagpa.

Les cinq Sakyapa mentionnés ci-dessus représentent l'accomplissement de la prophétie de Pelden Atisha. En effet, les quatre fils de Kunga Nyingpo, avec Sakya Pandita, Zangtsha Seunam Gyaltsen et Cheugyal Phagpa furent reconnus de leur vivant comme les sept émanations de Manjushri tandis que les pouvoirs surhumains de Dogeun Changa Dorjé le firent reconnaître comme une émanation de Vajrapani.

Dans la vision de Pelden Atisha, les yaks sauvages symbolisent les deux divinités courroucées choisies par Sachen Kunga Nyingpo pour protéger la doctrine Sakya. Et Sachen lui-même était une émanation d'Avalokiteshvara, le bodhisattva de la grande compassion.

D'autres *lama* apparurent par la suite comme des émanations de Manjushri. Ainsi, de nombreux grands bodhisattvas, protecteurs illustres de tous les êtres vivants, apparurent à tour de rôle à Sakya. Ayant affermi les nouvelles pratiques tantriques de l'Inde, ils les intégrèrent à la vie religieuse du Tibet par les méthodes d'enseignement Sakya. Ils enseignèrent le *Lam Dré* afin de montrer le chemin de l'éveil et l'introduisirent en Chine et en Mongolie.

Depuis lors, ces enseignements se sont transmis dans leur version originelle aux vingt-sept chefs successifs de la lignée Sakya. Le Sakya Trizin actuel, Sa Sainteté Ngawang Kunga, réside au centre Sakya de Dehra Dun en Inde (se référer à la quatrième photo en début d'ouvrage).

Appendice B

Le Miroir aux Joyaux :
autobiographie de l'auteur

*Sakya Pandita Kunga Gyaltsen,
émanation de Manjushri.*

Autobiographie de l'auteur

Introduction

Mes disciples m'ont demandé un bref récit de ma vie. Je l'ai écrit dans l'intention d'être profitable aux personnes sincèrement intéressées par le bouddhisme *Mahayana* afin qu'elles acquièrent une claire idée de l'éducation monastique et de la pratique du *Dharma* bouddhique au Tibet.

OM SVASTI ! Je me prosterne devant Manjushri.

1. Vie et études au Tibet

La terre sainte de Sakya où je naquis est un lieu du Tibet, sacré par excellence, comparable à Bodh Gaya, en Inde. Durant sa première visite au Tibet, l'Indien Atisha eut à Sakya, comme cela a été dit précédemment, la vision de neuf syllabes : sept DHIH, une HRIH et une HUNG. Elles indiquaient qu'en ce lieu sept émanations de Manjushri, une d'Avalokiteshvara et une de Vajrapani œuvreraient pour le bien des êtres. Atisha vit aussi deux yaks paissant sur les pentes de Peunpori, la montagne de Sakya ; ils symbolisaient que deux aspects du protecteur Mahakala s'y manifesteraient pour protéger le *Dharma*.

Ma famille

Je naquis dans la maison Amipa, une ancienne famille de la ville de Sakya. Au Tibet, l'unité familiale est remarquable, incluant les oncles, tantes et grands-parents. La maisonnée comptait sept personnes. Mon père Dorjé Amipa était officier du gouvernement. D'un naturel très patient, sa pratique religieuse le portait à soulager les maladies. Il méditait intensément sur Avalokiteshvara, son *yidam* étant Hevajra. Chaque matin avant de se rendre au travail il faisait d'abondantes offrandes aux protecteurs du *Dharma,* notamment à Palden Lhamo, le *dharmapala* particulier (protecteur personnel) de notre famille, et accomplissait divers *sadhana*. Malheureusement, il mourut lorsque je n'avais encore que dix-sept ans.

Ma mère, Tashi Wangmo, était issue d'une famille de paysans du village de Yarloung, proche de la ville de Sakya. Sa foi était profonde, sa pratique comprenant Avalokiteshvara à six bras et la prière aux vingt et une Taras qu'elle récitait plusieurs fois par jour. Sa confiance allait aussi à Padmasambhava. C'était une femme bonne et sensible. Je l'ai vue pleurer au récit de détresse frappant certains. Elle désirait par-dessus tout que notre famille et nos voisins formions une communauté solide, étroitement unie.

Mon oncle était médecin, selon l'usage prévalant dans notre famille qui voulait qu'à chaque génération, un descendant mâle se voue à cette profession. L'étude de la médecine tibétaine ne se borne pas aux textes. Nous possédions de grandes statues des huit Bouddhas de la médecine et, chaque année, mon oncle et quelques religieux consacraient plusieurs semaines à les invoquer durant la préparation des médicaments que mon oncle prescrivait. Ces remèdes étaient à base de plantes qu'il récoltait dans les montagnes trois fois par an lors de la pleine floraison, et de diverses sortes de gemmes. Certains médicaments étaient aussi importés d'Inde à grand prix. On les plaçait dans de petits meubles en bois décoré dans une des pièces de la maison, chacun dans un sac en cuir différent avec son nom gravé sur une plaque d'argent. Parfois, les patients se rendaient chez nous, d'autres fois mon oncle les soignait à domicile, se déplaçant de village en village.

Mon grand-père vivait aussi à la maison. Je ne me souviens que très peu de lui. Il était très pieux, récitant continuellement le *mantra* d'Avalokiteshvara OM MANI PADME HUNG. J'avais un frère et deux sœurs dont l'une mourut très jeune. Mon frère, Shédroub, plus âgé que moi, entra à huit ans au monastère Lhakhang Chenmo de Sakya. Il étudia la philosophie et la doctrine mahayaniste. A trente-trois ans il obtint le titre de *géshé rabjampa* et commença à enseigner la philosophie religieuse au monastère. Ma sœur Chodheun était la bonté même. Peu après la prise de vœux de mon frère nous prîmes l'habitude de jouer ensemble et parfois elle m'emmenait en ville. L'été nous nous amusions dans le bassin de notre jardin. Nos jeux consistaient aussi, avec d'autres enfants, à modeler de petites maisons en argile et nous utilisions des pierres de couleur en guise de jouets. Il nous arrivait encore de cuisiner, ce qui n'était pas toujours une réussite! En hiver, nous prenions plaisir à glisser et à courir sur la rivière proche recouverte d'une épaisse couche de glace. Mon oncle Rigzin, qui avait vingt ans de plus que moi, vivait dans le voisinage. Fonctionnaire comme mon père, il était marié et père de quatre enfants. Deux de ses filles vivent à présent au Mysore, en Inde du sud, et une autre réside à Darjeeling.

Coutumes familiales

Mon père possédait beaucoup de terres. Au printemps et en automne nous employions régulièrement des journaliers qui étaient logés sur place pendant la durée de leur travail. En plus de son activité au foyer, ma mère participait aux semailles, à l'arrosage, à la moisson et à la surveillance des travailleurs. Nous avions aussi des chevaux, ânes et vaches. Les premiers servaient principalement aux voyages, les seconds au portage. Après le vêlage, avec le premier lait de la vache, ma mère avait coutume de faire du beurre pour remplir la grande lampe d'autel en or du temple principal au monastère de Toubten Lhakhang Chenmo. Nous fabriquions aussi un fromage à crème épaisse dont nous offrions une partie à mes professeurs et consommions le reste. Notre nourriture consistait principalement en farine d'orge ou de haricots grillés, en pain blanc, fromage, beurre, viande, un peu de riz blanc et des légumes de saison. Quelquefois nous recevions du sucre et des douceurs de l'Inde. Nous buvions deux sortes de thé: un thé noir de Chine consommé avec du sucre et un autre en provenance du Tibet oriental avec lequel nous préparions le thé au beurre. Quoique certains Tibétains absorbent de l'alcool, personne n'en consommait chez nous.

Comme je l'ai déjà mentionné, chaque famille avait un protecteur particulier, le nôtre étant Palden Lhamo. Sur le toit de notre maison se trouvait un *tarpoung,* sorte de reliquaire contenant des images du protecteur. Les offrandes à la déité étaient quotidiennes avec, une fois par mois, des prières spéciales. Pour le nouvel an et durant le premier mois de l'année nous faisions d'abondantes offrandes aux protecteurs et à Palden Lhamo. Le nouvel an donnait lieu à de grandes festivités ; chacun recevait des cadeaux, des vêtements neufs. On dressait de nouveaux drapeaux de prières, on offrait des beignets. La célébration durait trois jours. Puis, du dixième au vingt-cinquième jour de ce premier mois, on commémorait les douze actes du Bouddha Shakyamouni par des prières et une profusion de lampes à beurre et d'offrandes diverses.

Entrée au monastère

Je suis né en 1931. Ma mère m'a raconté qu'elle fut remplie de joie et que l'accouchement fut sans douleur. Dans ma petite enfance elle consulta un religieux qui lui dit que je devrais vivre une vie très pure. Contrairement à mon frère Shédroub qui eut beaucoup de difficultés, je lui causai peu de soucis dans ma jeunesse. A sept ans, je fus envoyé au monastère. Mon ordination eut lieu le jour de la pleine lune du septième mois tibétain, une date de bon augure sur un plan général et selon mon horoscope. J'étais très heureux. Ma mère, qui avait toujours souhaité mon ordination, se réjouit en pensant que je consacrerai ma vie au *Buddhadharma*. Ma famille fit de nombreuses offrandes au temple et offrit le thé à la communauté monastique. Le Vénérable Jampel Zangpo était l'abbé. La cérémonie se déroula dans la salle du trône du premier roi du *Dharma*, Cheugyal Phagpa, au Toubten Lhakhang Chenmo. Je reçus le nom de Shérab Gyaltsen (Bannière de la Sagesse). Le rituel d'ordination dure environ une heure. On commence par raser la tête du postulant à l'exception d'une petite touffe de cheveux au sommet du crâne. Puis, ceux-ci sont également rasés, placés près d'une fleur blanche spéciale nommée *tsampaka* (magnolia) et offerts au Bouddha. Je pris les vœux d'*upasaka* (vœux des laïcs bouddhistes), puis ceux de novice. L'ordination impose deux transformations : la prise d'un nom religieux et l'abandon des vêtements ordinaires au profit de la robe monastique. A la fin de la cérémonie l'abbé récite une prière pour le partage des mérites, remet un présent au novice et lui accorde sa bénédiction sous la forme d'un cordon rouge. Après cela, ma mère, mon frère et moi allâmes au temple pour y faire des offrandes de lampes à beurre et d'écharpes. Nous avons passé quelques heures chez le moine qui allait être mon précepteur. Il nous offrit du thé, un riz sucré avec des fruits secs et d'autres présents de bon augure. Après quoi ma mère retourna à la maison.

Dès ma prise de vœux il ne me fut plus permis de me rendre dans ma famille, hormis pour des périodes de vacances. Parfois, ma mère venait me voir, m'apportant des cadeaux. Au début, une grande nostalgie du foyer m'habita.

Au Tibet, la famille choisit un moine qui sera le tuteur du jeune novice. Celui-ci vit avec son tuteur au monastère. Le tuteur supplée à ses besoins en nourriture, vêtements et autres, mais n'est pas le Gourou du novice, bien qu'il soit généralement capable de l'instruire des bases de la religion. En plus de mon travail personnel régulier à l'école du monastère, mon tuteur m'apprit à réciter des prières et à écrire avec une plume de bambou sur une planche de bois spéciale. Il m'envoyait aussi au temple pour les offices matinaux.

L'enseignement au monastère

Durant la première année, outre l'écriture et la lecture, j'appris l'ensemble de la liturgie (*Cheu-Cheu*) de notre monastère ayant trait aux Bouddhas, bodhisattvas et Gourous de la lignée. Celle-ci forme un livre d'une centaine de pages. J'étudiais pendant un an et demi le *Du-dha* (Les Classes Groupées), préparant à *Pramana* (logique), et le *Rig-lam* (La Voie du Raisonnement) qui concerne l'analyse de la forme et des moyens de connaissance. En même temps, j'apprenais par cœur divers rituels accomplis au monastère, principalement ceux de Vairochana, de la Tara Blanche, d'Ushnishavijaya, de Bhaisagyaguru (Bouddha de la Médecine). Je reçus aussi des instructions particulières sur l'ouvrage intitulé *Le Trésor aux Souhaits d'Excellents Préceptes* de Sakya Pandita ainsi que sur ses commentaires. Toutes ces études sont réunies sous le nom de *Ka-zhi* (Les Quatre Paroles).

Pour ces classes ainsi que pour la plupart des enseignements sur les trois véhicules, mon instructeur principal fut le Vénérable Kenpo Sangyé Rinchen. C'était un *géshé* de haut rang qui, plus tard, fut assistant principal à Toubten Lhakhang Chenmo pendant cinq années. Ayant étudié les *tantra* et diverses techniques méditatives, il instruisait l'ensemble des moines du monastère sur des aspects variés du *Dharma*. C'était également le Gourou de Sa Sainteté Jigdrel Dagchen Rinpoché, chef du Palais des Excellences. Après avoir servi comme abbé, il accompagna Sa Sainteté dans la province du Kham, au Tibet oriental. A Toubten Lhakhang Chenmo est étudié l'ensemble de la parole du Bouddha, réunie dans les "Six Grands Volumes" : (1) *Paramita*, (2) *Pramana*, (3) *Vinaya*, (4) *Abhidharma*, (5) *Madhyamika* (Philosophie de la Voie du Milieu) et (6) *Les Trois Types de Vœux*. Après le *Du-dha* commence l'approche de *Pramana* qui se poursuit durant cinq années. Elle porte sur *Pramanasamuccaya* (Le Compendium de Connaissance Valide) de Dinnaga, *Les Sept Traités sur la Connaissance Valide* de son disciple Dharmakirti et leurs commentaires par Sakya Pandita ainsi que *La Clarification du Trésor de Raisonnement* du même auteur, chaque volume comportant de 60 à 80 pages. Pendant cette période, je fus initié au Bouddha de Longue Vie, Amitayus. Sa Sainteté Ngawang Toutob Wangchouk me conféra aussi l'initiation du *Guruyoga* de Sakya Pandita, émanation de Manjushri, l'aspect de sagesse des Bouddhas. J'accomplis quotidiennement ce *sadhana*, le ressentant comme particulièrement nécessaire au développement de la sagesse.

Chaque année, en hiver et en été, je me rendais dans deux petits monastères, situés à une journée de l'université et relevant de mon maître principal. J'appréciais beaucoup ces visites d'une dizaine de jours car moines et moniales étaient très sincères et respectueux. A vrai dire, j'aurais préféré y demeurer en permanence plutôt que de retourner à l'université.

Pendant deux ans je dirigeai les offices matinaux, composés généralement de prières tirées de *Cheu-Cheu* ainsi que les prières chantées de l'assemblée aux dates spéciales (jour de l'an, anniversaires divers). En ces occasions, assis sur de longs bancs, les moines portaient des habits de cérémonie et le gouvernement de Sakya venait leur offrir du thé et des gâteaux. J'avais ainsi à mémoriser beaucoup de choses du *Cheu-Cheu* car différents chants étaient effectués à chacune de ces journées spéciales. En été, l'apparition de l'étoile *Rigyé* était marquée par une cérémonie et en une occasion, je chantais de mémoire l'histoire de la rencontre entre Asanga et le Bouddha Maitreya. Cet hymne durait environ deux heures.

A la fin de ces cinq années d'études sur *Pramana*, à treize ans, j'obtins le degré de *tipa guenpa*. J'étudiai alors pendant cinq ans les dix *paramita* avec essentiellement les cinq œuvres de Maitreya que reçut Arya Asanga, ainsi que leurs commentaires par des *pandita* (érudits) tibétains tels que Kunkyen Gorampa Seunam Sengué. Je travaillai également sur le *Bodhisattvacaryavatara* de Shantideva, dont les six *paramita* constituent le thème central (apprenant par cœur le texte racine que le professeur explique mot à mot à la classe) et sur ses commentaires par des érudits indiens et tibétains, en particulier celui de Seunam Tsémo.

Chaque année de grandes fêtes marquaient les solstices d'été et d'hiver. A dix-sept ans, lors de la fête d'été, je reçus les enseignements sur le *Lam Dré*, introduit au Tibet par le saint *mahasiddha* indien Virupa et qui comprennent deux parties, chacune nécessitant environ six mois d'instruction : *La Triple Vision* (tib. : snag-gsum), qui traite du bouddhisme en général, et *Les Trois Tantra* (tib. : rgyud-gsum), plus orientés vers le *Vajrayana*. Je fus ensuite initié aux quatre classes de *tantra* et à tous les aspects des Bouddhas et bodhisattvas, plusieurs initiations étant requises pour chacun d'eux. Quelques-unes sont dispensées à un groupe limité à vingt et une personnes.

Cette année-là j'accomplis plusieurs retraites courtes qui incluaient des pratiques préliminaires, *shamatha* et *vipashyana* qui sont les fondements des méditations ultérieures.

A dix-huit ans je passai l'important examen de *katchou* qui détermine les aptitudes à suivre le cursus menant au grade de *géshé rabjampa*. Je m'y préparai avec zèle, m'abstenant de viande, maintenant une éthique très pure. J'étudiai le commentaire le jour, consacrant la nuit à la récitation des textes de base. J'en avais acquis une telle mémoire que, même dans l'obscurité, je pouvais visualiser des lignes et des pages entières. Ma famille se souciait beaucoup de ma réussite. La veille de l'examen elle dressa de nouveaux drapeaux de prières près de notre maison et fit des offrandes à la Tara Verte. L'examen eut lieu le matin du $22^{\text{ème}}$ jour du $11^{\text{ème}}$ mois tibétain dans la salle du roi du *Dharma* Cheugyal Phagpa. L'étudiant y est soumis aux questions de l'instructeur et de l'abbé.

Après mon succès on m'offrit une écharpe blanche. Je ressentis une paix plus profonde encore que celle que j'éprouvai plus tard quand je devins *géshé*. Je débordais d'une telle joie que je ne me rappelle pas comment je descendis l'escalier menant du monastère à la maison. Ma famille se réjouit à ma vue, l'écharpe leur révélant ma réussite. Puis, trois jours durant, mes parents, professeurs et amis me fêtèrent, me présentant écharpes et cadeaux. Un mois plus tard je fis une grande offrande de thé, de pain et autres délicatesses à la communauté religieuse. J'eus alors davantage de temps libre, ce qui me permit cet été-là d'aller pique-niquer. Ensuite j'entrai en retraite pour méditer durant un mois sur une certaine déité, après quoi je reçus la permission de construire son *mandala* et de conférer des initiations appartenant aux deux premières classes de *tantra*.

Avant l'examen de *katchou* et jusqu'aux importantes études tantriques je portais la coiffe jaune dont le dessin est un rappel de la discipline monastique : 35 points de part et d'autre de son sommet symbolisent les 35 Bouddhas de confession, 16 points à l'arrière les 16 *arhat*, les multiples fils ruisselant de la calotte évoquent les 1000 Bouddhas de ce *kalpa* (éon). Pendant l'étude des *tantra* je portais la coiffe correspondante, noire à la base et bordée d'un liseré rouge.

Chaque année, les Palais de la Libératrice et des Excellences participaient pendant quatre jours à la lecture complète du *Kangyour*, au monastère de Sakya. La journée suivante était consacrée à des rituels de Mahakala et d'autres déités, et j'exécutais les danses tantriques de divers protecteurs.

Ayant accédé au titre de *katchou*, j'étudiai *l'Abhidharma*, c'est-à-dire la cosmogonie, la formation et les modalités des six mondes d'existence dans le *samsara* et les terres pures, en bref, une analyse de l'univers. Les textes principaux sont *Le Compendium de Métaphysique* et *Le Trésor de Métaphysique* avec leurs commentaires par Penchen Ngawang Cheudrag et Gorampa Seunam Sengué. Ce travail qui comprend également un approfondissement des *paramita*, constitue la préparation au grade de *géshé*. En même temps que l'étude de *l'Abhidharma* durant deux années, je reçus d'autres enseignements et initiations.

J'abordai ensuite l'étude du *Madhyamika* à laquelle furent dévolues deux nouvelles années, le traité (*shastra*) principal étant le *Madhyamikavatara* (L'Entrée dans la voie du Milieu) de Chandrakirti, avec ses commentaires par Gorampa Seunam Sengué et Penchen Ngawang Cheudrag.

A vingt ans, le jour commémorant la descente du ciel Tushita du Bouddha Shakyamouni, je pris la pleine ordination monastique. L'abbé était le Vénérable Kenpo Mangteu et la cérémonie se déroula en présence de dix moines à Toubten Lhakhang Chenmo. Je m'abstins alors pendant longtemps de viande et ne prenais qu'un seul repas par jour. Après mon ordination je fis un pèlerinage aux trois lieux saints de méditation.

Le premier est le monastère d'Outsé, où est conservée l'épée de Manjushri. Cette épée sacrée est visible à deux conditions : avoir reçu la permission de méditer cette forme et avoir atteint un certain développement spirituel. En fonction de ce développement, sur sa lame on distinguera, par exemple, des images de Bouddhas et de bodhisattvas. Ce monastère renferme aussi une précieuse statue de Manjushri, des images et livres saints. Je méditai à cet endroit pendant une journée. Le lendemain, je me rendis au monastère Sakya de Goroum où se trouve le temple souterrain spécial du protecteur Mahakala. On dit qu'à l'époque des cinq premiers maîtres Sakyapa, les religieux dialoguaient directement avec Mahakala. Dans la partie supérieure du monastère se trouve le Lama Lhakhang (Le Temple du Gourou) qui renferme la statue de Sakya Pandita ciselée par Lama Tsangnag Pougpa et consacrée à distance par Sakya Pandita lui-même. De là, je partis méditer plusieurs jours dans le troisième lieu saint, la caverne où Sachen Kunga

Nyingpo reçut les instructions connues sous le nom de *L'Abandon des Quatre Attachements* (tib.: Zenpa Zidel).

Après le *Madhyamika*, j'étudiai *Les Trois Types de Vœux*, le texte de base étant *Les Trois Vœux* de Sakya Pandita. Je travaillai sur le *Pratimoksha Sutra* (Le Soutra de Libération Individuelle) et le commentaire du *pandit* indien Gunaprabha intitulé *Vinaya Sutra* (Soutra sur la Discipline) ainsi qu'un traité général sur le sujet par l'érudit tibétain Gorampa Seunam Sengué. Le terme *pratimoksha* (libération individuelle) se réfère aux sept classes d'ordination –laïc homme ou femme, novice homme ou femme, *bhikshu* (moine) et *bhikshuni* (nonne), *gélobma* (femme probationnaire)– avec, en plus, d'autres règles et conseils formulés par le Bouddha. A la suite de cela nous passâmes aux vœux des bodhisattvas et à *bodhicitta*.

Ensuite, trois années furent consacrées aux engagements tantriques, avec un travail sur Hevajra. Je mémorisai ce *tantra* et en lus plusieurs commentaires. Les études tantriques approfondies ne sont possibles qu'après avoir obtenu le titre de *géshé*.

J'étais prêt maintenant à me présenter à cet examen. Selon la tradition, mon Gourou effectua une divination (*mo*) afin de déterminer ce qui pourrait aider à surmonter les obstacles à mon succès. La réponse indiqua qu'il serait bon d'accomplir le rituel des *Seize Arhat*, de réciter *La Prière à la Tara Verte* et le soutra intitulé *Le Cœur de la Perfection de Sagesse* et d'offrir de nombreuses prières à mon Gourou. J'invitai dix religieux à mon domicile personnel pour trois jours de prière.

La première partie de l'examen de *géshé* eut lieu au temple de Manjushri du monastère d'Outsé devant la communauté monastique au complet. Elle se poursuivit quatre jours durant, de neuf heures du matin à cinq heures de l'après-midi. De là, nous nous rendîmes au Sakya Tshog tout proche, où chaque patriarche de notre école est couronné et monte sur le trône du roi du *Dharma* Cheugyal Phagpa. L'examen reprit pendant trois jours de dix heures du matin à quatre heures de l'après-midi. Je reçus le grade de *géshé droung rampa* (maître en philosophie, psychologie et éthique). Je fis des offrandes à tous les moines présents.

Peu après, j'entrai en retraite pour trois mois, exécutant quotidiennement quatre séances de méditation comprenant chacune des offrandes au Gourou et au *yidam* avec l'accomplissement d'un *sadhana* spécial lors de la quatrième séance. J'étais complètement isolé du monde, à l'exception de deux assistants. Cette retraite fut très bénéfique. Je ressentis une transformation intérieure radicale, l'avènement d'une grande paix et d'une solide concentration. La retraite se conclut par une offrande de trois jours appelée *jin-sag* (oblation brûlée). Elle consiste en présents de plusieurs sortes de plantes, de graines, de beurre, etc..., que l'on jette dans le feu. Enfin, j'accomplis de plus larges offrandes appelées *tsog*.

A cette époque, ma pratique comprenait les " Quatre Profondes Méditations des Sakyapa" (Hevajra, Vajra Yogini, le *Guruyoga* et le *Guruyoga* de Virupa) et d'autres *sadhana*. Après la retraite j'étudiai *Les Treize Dharma d'Or* des Sakyapa et les enseignements tantriques sur les *nadi*. Pour s'appliquer aux *tantra* il faut un Gourou, un *yidam* et un dieu de prospérité. Beaucoup d'adeptes du *tantra* invoquant plusieurs *yidam* considèrent l'un d'eux comme étant un *cigdou*, c'est-à-dire leur quintessence, possédant les qualités des autres *yidam* et objets de refuge. Le Gourou est un être hautement réalisé apte à enseigner tous les aspects du *Dharma*. C'est lui qui plante dans le continuum mental du disciple les graines des quatre corps d'un Bouddha (tib. : sprul-sku, longs-sku, chos-sku, nog-bo-nyid-sku ; sct. : nirmanakaya, sambhogakaya, dharmakaya, svabhavikakaya). Pour l'élève, il représente Vajradhara. Toutefois, un lien étroit, fondé sur la foi, doit exister entre maître et élève, autrement ce dernier restera fermé au pouvoir de l'enseignant. L'appellation de "maître" (sct : guru ; tib : lama, bLa ma) s'applique exclusivement à celui qui confère des initiations tantriques. La personne qui dispense des leçons mais n'initie pas est appelée "précepteur" (sct : upadhyaya ; tib : Lopeun, sLob dpon). Je reçus de mon Gourou principal Sa Sainteté Ngawang Toutob Wangchouk une année d'initiations à divers *yidam*, formes variées de Manjushri et Mahakala, des Taras Verte et Blanche, des *dakini*, de Hevajra, Kalachakra, Vajra Yogini, Vajrakilaya et autres.

Dans la lignée de succession des Gourous de Sakya apparaissent les émanations d'Avalokiteshvara, de Manjushri et de Vajrapani. Mon Gourou, 40ème patriarche de Sakya, était une émanation de Manjushri et je vis en lui sa vraie nature en tant que Vajradhara. Sa Sainteté était d'une immense bonté à l'égard de notre peuple en général et des résidents du monastère en particulier. Il développa les classes et les écoles monastiques pour le bien de tous. Très élevé spirituellement, il avait la capacité de prévoir les événements et d'accomplir des miracles. Ainsi il fit un jour jaillir une source dans un village qui connaissait une sécheresse ; en une autre occasion, alors que les ouvriers chargés de la rénovation partielle du monastère principal de Sakya ne pouvaient obtenir une certaine pierre nécessaire à la fabrication des piliers, il invoqua le protecteur Mahakala lequel fit s'ouvrir la terre près du monastère, révélant de grands blocs erratiques de cette roche en quantité suffisante pour une restauration complète. Mon Gourou fut aussi le serviteur de la *dakini* Soungma ; il la voyait et s'entretenait directement avec elle. Telles étaient ses qualités visibles par tous, sa nature intérieure étant inconcevable.

Parvenu au degré de *géshé*, je commençai à beaucoup enseigner, parfois dans certains centres très éloignés du monastère Sakya. Je n'aimais pas trop y aller, préférant résider au monastère principal pour instruire les moines et, occasionnellement, les laïcs de la région.

Ma mère mourut environ deux ans après mon accession au degré de *géshé*. J'en ressentis une profonde tristesse. Sa maladie n'avait duré que quelques jours. Dès qu'elle sut sa mort imminente, ma mère donna des directives sur ce qu'elle désirait que l'on accomplisse après son décès. Suivant la tradition tibétaine, le corps n'est pas inhumé avant cinq à sept jours. Les religieux exécutent des cérémonies telles que le rituel de Vairochana et lisent *Le Bardo Thodeul* (litt. : "libération par l'écoute dans l'état intermédiaire") durant sept semaines. Pendant cette période de nombreux moines nous visitèrent et nous fîmes d'importantes offrandes. Puis, le corps de ma mère fut incinéré et, avec d'autres moines, je récitai le *man-*

tra de Vairochana un million de fois sur ses cendres. Enfin, nous les recueillîmes pour les placer dans de petits reliquaires, répétant de nouveau ce même *mantra*. Au moment du trépas de ma mère un astrologue dressa son horoscope afin de déterminer les tendances de la défunte susceptibles d'influer sur son existence prochaine. On peut ainsi en déduire quelles sortes de statues ou peintures doivent être confectionnées pour assurer au défunt une renaissance humaine. Pour ma mère, nous modelâmes une statue du Bouddha Shakyamouni et une autre de Vajrasattva.

En l'année 1956

Trois ans avant leur entrée dans Lhasa, les Chinois organisèrent une série de rencontres avec les représentants de chaque grand monastère. Le gouvernement de Sakya m'envoya y participer. Je fis un premier voyage en automobile, conduit par les Chinois de Shigatsé à Lhasa. A Lhasa, je demeurai dans la maison Sakya près de Ramotché. Avec d'autres religieux et *géshés* nous eûmes des entretiens avec les Chinois deux à quatre fois par semaine pendant trois mois. En dehors de ces rencontres, ce fut une grande joie pour moi de visiter la très sainte image de Shakyamouni, le Jowo, de prier et de faire des offrandes dans ce haut lieu. J'eus également l'occasion de visiter d'autres temples de cette ville, en particulier le Potala, résidence de Sa Sainteté le Dalaï Lama.

Au bout de ces trois mois, j'annonçai aux Chinois mon intention de partir et je retournai à Sakya. Dès mon arrivée, j'informai le gouvernement de la teneur des rencontres. Après quoi, je demeurai à Sakya où je repris l'instruction de mes disciples.

Les Chinois étaient venus une première fois à Sakya en 1954, mais en petit nombre. Aussi la vie continua-t-elle comme d'habitude. Puis, en 1959, à la suite des événements de Lhasa, Sa Sainteté Sakya Trizin quitta le Tibet pour l'Inde. L'année suivante fut très difficile à Sakya ; six mois environ après le départ de Sa Sainteté, les Chinois rassemblèrent tous les moines pour les questionner et les enfermèrent dans ce qu'ils appelaient une école, mais qui n'était en fait rien d'autre qu'une prison. J'aurais aussi été appréhendé si je n'avais été malade. Les Chinois envoyèrent un de leurs docteurs pour déterminer la réalité du mal. Je n'appréciais guère l'éventualité d'être soigné par un médecin chinois, mais cet homme me parut vraiment chercher à soulager les gens. Il me fit quelques piqûres et une semaine plus tard je me sentis beaucoup mieux. Puis, pendant trois jours, je priai et pratiquai plusieurs observations divinatoires pour établir si je devais rester à Sakya ou partir pour l'Inde. La réponse fut de partir. Je m'y préparai immédiatement. Nous étions le 11ème mois tibétain de 1959. Je me mis en route avec un *géshé* et un de mes élèves. Nous avions quatre chevaux, un minimum de vêtements et de bagages. Bien qu'encore très faible, je fis une partie du trajet à cheval. Aller de Sakya en Inde requiert généralement deux semaines. Il nous en fallut trois en raison de notre méconnaissance de la route. Nous eûmes la chance de rencontrer un homme qui nous indiqua la chemin pour rallier Gangtok au Sikkim.

A notre arrivée à la frontière, le gouvernement mit aimablement une voiture à notre disposition pour nous conduire à Kalimpong. Trois de nos chevaux n'avaient pu terminer le voyage; je vendis le quatrième pour cent roupies. Sur la route de Gangtok je rencontrai de nombreux réfugiés et amis qui nous avaient précédés, et c'est avec joie que nous nous revîmes. Kalimpong apparut comme un rêve après ce long et difficile voyage. J'y restai deux semaines chez des Tibétains de ma connaissance, reprenant des forces et accomplissant des rituels pour le bien de la famille de mon hôte. Pendant ce temps, j'obtins un passeport indien. De là, j'allai au *Guru Sakya Monastery* (Monastère des Gourous Sakya) à Darjeeling. Fondé grâce à divers concours par Sa Sainteté Sakya Trizin, il abritait une cinquantaine de moines. J'y vécus deux années heureuses car on y suivait fidèlement la tradition tibétaine.

2. La rencontre avec l'Occident

En Inde

Freda Bedi, une nonne anglaise, s'est beaucoup dévouée à la cause tibétaine. A la suite d'entretiens avec le Dalaï Lama, les chefs religieux des quatre traditions tibétaines (Sakya, Geloug, Kagyu et Nyingma) et le gouvernement tibétain, elle établit en Inde des écoles destinées en priorité aux jeunes maîtres réincarnés (tib. : tulkou) des quatre écoles. Sa Sainteté Sakya Trizin m'y envoya en compagnie de quatre *tulkous*. Outre le bouddhisme, on y étudiait, sous la direction d'enseignants venus d'Angleterre, des Etats-Unis et d'Allemagne, l'anglais, l'hindi, le penjabi et la géographie. Les conditions de vie étaient confortables, nourriture et vêtements nous étaient fournis par l'aide étrangère.

Les classes se déroulaient sur neuf mois avec trois mois de vacances d'hiver. Je consacrai cette dernière période à visiter Bodh Gaya, Sarnath et d'autres lieux saints. J'allai aussi parfois au Centre Sakya de Rajpour où Sa Sainteté Sakya Trizin me transmit beaucoup d'enseignements sur Vajra Yogini.

J'eus l'occasion de rendre visite à ma nièce, dans le sud du Mysore, après un voyage de cinq jours et cinq nuits à partir de Delhi. Nous nous revîmes avec joie, quoique sa situation matérielle fut précaire. Elle avait trois enfants et peu de terre. Je restai deux mois auprès d'elle. J'ai appris que trois ans plus tard ses conditions de vie s'étaient améliorées, mais je n'ai pu la revoir par la suite en raison de son éloignement.

L'Europe

Alors que j'étais en Dalhousie, je reçus une lettre de Dharamsala m'informant que je devais partir pour l'Institut Tibétain en Suisse. J'écrivis pour demander d'où venait cette décision et quelle en était la raison. Le gouvernement tibétain me répondit que l'on prévoyait la création d'un institut pour répondre aux besoins religieux des réfugiés tibétains en Suisse, préserver notre religion et notre culture et permettre des échanges entre tibétains et occidentaux intéressés par le *Dharma* bouddhique. Sa Sainteté le Dalaï Lama et le gouvernement tibétain m'avaient choisi avec quatre autres religieux et un cuisinier pour vivre à l'Institut. J'en référai à Sa Sainteté Sakya Trizin qui fut favorable à mon départ.

Trois mois plus tard, le gouvernement indien me donna la permission de quitter le territoire. Dans l'intervalle, je me rendis à Rajpour pour prendre congé de Sa Sainteté. Elle m'accorda sa bénédiction et quelques enseignements spéciaux sur *Les Treize Dharma d'Or*. Le 23 juin 1967 nous allâmes de Dalhousie au palais du Dalaï Lama à Dharamsala. Sa Sainteté nous accorda deux entretiens. Durant le premier il nous offrit quantité de conseils, lors du second il nous offrit un livre du *Prajñaparamita*, sa photo pour notre monastère et une photo dédicacée pour chacun de nous.

De là, nous partîmes en car jusqu'à Pathankot, puis en train pour Delhi où l'ambassade de l'Inde nous hébergea plusieurs jours le temps de subir des examens de santé et d'accomplir diverses formalités. Le 12 juillet, nous partîmes pour Bombay en train d'où nous nous envolâmes pour Zurich. Toubten Pala, représentant du Dalaï Lama, nous attendait à l'aéroport entouré de Mr Kuhn, du professeur Lindegger, de membres de la Croix Rouge, de journalistes et d'une foule d'autres personnes. On nous offrit le thé puis on nous conduisit à Rikon.

La première année, avant que le bâtiment de l'Institut ne soit achevé, nous avons logé chez l'habitant. Tout était différent de ce que nous avions connu, surtout en hiver. Nous étions un peu perdus, n'ayant ni montre, ni réveil, et ressentions le mal du pays. Ce fut une période difficile car, malgré les leçons d'allemand, nous comprenions les gens avec peine. Parfois, des Tibétains nous invitaient ou bien nous allions les voir. Nous avions du plaisir à parler religion aux enfants et à accomplir des cérémonies pour les familles.

L'Institut de Rikon fut construit grâce aux donations de la famille Kuhn, de la Société Metallwarenfabrik de Rikon, de l'Aide Suisse aux Tibétains et d'autres participations privées. La famille Kuhn avait également offert le terrain sur lequel il fut bâti. Mr Lindegger en a été le premier conservateur ; c'est à son engagement opiniâtre que l'on doit la mise en route de nos activités. Le 28 septembre 1968, l'Institut fut officiellement ouvert par les Vénérables Yongdzin Ling Rinpoché et Yongdzin Trijang Rinpoché, les deux tuteurs de Sa Sainteté le Dalaï Lama. La plupart des *géshés,* maîtres et tibétains d'Europe étaient présents. La maison d'habitation fut inaugurée le 5 novembre 1968. Après notre emménagement, je commençai à enseigner la langue tibétaine, le *Dharma* et la méditation aux Occidentaux. A l'Institut mes journées commencent avec l'office matinal qui a lieu dans le temple de sept à huit heures. Après le petit déjeuner, j'accomplis les "Quatre Profondes Méditations Quotidiennes" et d'autres méthodes de réalisation. Le reste de la journée est consacré aux cours du *Dharma* ou de langue. Je profite aussi du savoir de mes étudiants : j'ai ainsi appris à taper à la machine. Chaque moine de l'Institut a une tâche particulière. La mienne consiste à le faire visiter en fournissant des explications sur les statues et peintures du temple et leur relation directe avec le *Dharma*. Cette activité, outre qu'elle me permit de faire connaître notre culture, m'apprit beaucoup sur celles des autres pays.

En 1970, j'allais à Cambridge pour améliorer mon anglais. A la requête d'un groupe bouddhiste de Bromley, près de Londres, j'enseignai chaque fin de semaine. Ensemble nous célébrâmes le nouvel an tibétain. Je me rendais parfois dans une maison d'enfants de Londres où vivaient de jeunes Tibétains. J'eus aussi des contacts avec un moine thaïlandais.

Je découvris qu'un certain nombre d'européens étaient curieux d'apprendre comment le *Dharma* bouddhique a été introduit au Tibet et à Sakya. Conscient de la rareté des travaux sérieux sur ce sujet, je sentis l'utilité d'un ouvrage qui leur serait consacré. J'écrivis donc *Historical Facts on the Religion of the Sakyapa*. Ce texte (présenté en Français sous le titre *Histoire et Doctrines de la Tradition Sakyapa*) fut traduit en anglais sous ma surveillance par un moine américain venu perfectionner ses études religieuses à l'Institut et qui avait acquis une bonne maîtrise du tibétain en Inde. Je soumis le manuscrit pour approbation à l'abbé Sakyapa de Darjeeling, dont j'avais été l'élève, et à Sa Sainteté le Dalaï Lama. Cette pratique de demander l'imprimatur obéit à la très récente tradition selon laquelle un bodhisattva qui compose un commentaire au *Dharma* de Shakyamouni doit le soumettre à l'avis d'autres bodhisattvas. Avec leur consentement et celui de l'Institut Tibétain, le livre parut en 1970.

En 1973 l'Institut accueillit Sa Sainteté le Dalaï Lama pour une courte visite. La même année je fis un séjour de cinq semaines en Inde. J'allai tout d'abord à Dharamsala voir le Dalaï Lama, puis pour une semaine à Rajpour où réside Sa Sainteté Sakya Trizin. Nous eûmes plusieurs entretiens et Sa Sainteté me transmit d'importants enseignements tantriques. Je rendis visite à la communauté religieuse et patronnai une *puja* (cérémonie) d'un jour appelée *Gurupuja* (Offrande au Maître). Je vis ensuite le fils de ma nièce, étudiant à l'Ecole Supérieure Tibétaine de Sarnath. Là, je fis des offrandes aux moines et rendis hommage au *Stupa* (reliquaire) de Damekh. Je me rendis ensuite à Bodh Gaya où, de même, je fis des offrandes aux religieux et au *stupa* de Damekh et rencontrai deux personnalités proches de Sa Sainteté le Dalaï Lama. Je poussai jusqu'au monastère Sakya de Darjeeling où j'avais vécu pendant deux ans après ma fuite du Tibet. Là encore, je fis des présents aux moines. Ma dernière visite fut pour ma nièce, dans le sud du Mysore. J'y restai une semaine avant de retourner en Suisse.

En 1974, je collaborai durant six mois avec le docteur Stoll, de l'université de Zurich, pour mettre sur pied l'exposition consacrée au Tibet du Musée Universitaire d'Anthropologie. On peut y voir des ouvrages d'art variés ainsi que des statues et peintures rapportées du Tibet par Heinrich Harrer. En réponse à mon invitation, Sa Sainteté Sakya Trizin vint en Suisse, demeurant tout un mois à l'Institut. Elle donna des enseignements aux Tibétains et me renouvela des instructions tantriques. Sa Sainteté visita aussi les universités de Zurich et de Genève et dispensa quelques leçons au village d'enfants de Pestalozzi (Trogen AR). Enfin, en septembre, l'Institut eut la joie d'accueillir pour quelques jours Sa Sainteté le Dalaï Lama.

Comme un certain nombre d'Occidentaux commençait à venir à l'Institut pour apprendre le tibétain, je me rendis compte qu'un manuel d'introduction à cette langue faisait cruellement défaut. Seuls étaient disponibles les ouvrages préparés par le Conseil pour l'Education Tibétaine, d'accès difficile pour un débutant car traitant surtout de la langue classique. Un livre écrit spécialement à l'intention de ceux qui n'avaient aucune connaissance antérieure du tibétain (les Occidentaux et les Tibétains arrivant en Occident dans leur petite enfance) s'avérait donc nécessaire. Je réunis les notes de mes cours et les organisai en un ouvrage intitulé *Textbook for Colloquial Tibetan* (paru en français sous le titre *Manuel de Langue Tibétaine Parlée*). L'ouvrage parut en 1974 avec l'approbation du Conseil pour l'Education Tibétaine à Dharamsala.

J'avais à Zurich un groupe d'étudiants auxquels j'enseignai la religion et la méditation. Le 23 septembre 1974, je donnai une conférence au Volkhaus de Zurich sur la tradition bouddhiste d'entraînement de l'esprit. Je dirigeai à l'Institut une session d'un mois consacrée à l'école Sakya et à la vie monastique au Tibet.

Vers la fin de cette année, un acupuncteur et sa femme vinrent me voir pour étudier le bouddhisme et le tibétain. En février 1975, ils m'invitèrent à Strasbourg pour un enseignement général de trois jours. La même année, j'enseignai à Hanovre pendant une semaine, ville où je continue d'aller occasionnellement. Enfin, je dirigeai un séminaire d'un mois à l'Institut Tibétain.

En 1976, je donnai un cours d'une dizaine de jours en Hollande. Je visitai la Société Bouddhiste Nationale, rencontrai les membres de divers groupes bouddhistes, associations de yoga et organismes de jeunes à travers le pays. Je fis une conférence à la Société Théosophique. Les théosophes, qui croient à la causalité et aux six domaines d'existence, m'ont fait une impression favorable. Prenant aussi quelque répit, je visitai le pays qui me parut presqu'entièrement construit sur l'eau. Je me rends encore deux fois par an à La Haye pour y enseigner au centre bouddhiste Sakya Tegchen Chöling.

Depuis 1977 j'ai rencontré un nombre croissant de personnes sincèrement intéressées par le bouddhisme. Certaines ont complété l'étude du *Bodhisattvacaryavatara*, de la *Triple Vision*, la partie du *Lam Dré* ayant trait à la voie des soutras, et d'autres textes importants. L'intérêt et la bonté de ces étudiants sont à l'origine d'initiatives d'envergure.

Sakya Tsechen Ling, le centre bouddhique de Strasbourg, situé plus précisément dans le village de Kuttolsheim, fut inauguré le 13 février 1977. Mon choix a porté sur ce site en raison de son accès aisé à partir de divers pays d'Europe et du paysage alsacien agréable et apaisant. En novembre je fus invité à Freiburg (R.F.A.) où j'enseigne depuis lors quatre fois par an. Un groupe s'y est formé qui porte le nom de Yéshé Cheuling. Ses membres viennent régulièrement à Kuttolsheim pour méditer et étudier.

Un autre groupe, Toubten Jangchoub Ling, s'est créé en 1978 à Lugano (Tessin). Très pieux et profondément désireux de comprendre le *Dharma*, ses membres traduisent les textes en italien. J'instruis aussi des Tibétains à Flawil (Suisse).

Répondant à mon invitation, Sa Sainteté Sakya Trizin séjourna un mois à Rikon au cours de l'été 1978. Elle enseigna et donna l'initiation d'Avalokiteshvara à plusieurs centaines de Tibétains. J'eus moi-même le grand bonheur de bénéficier de ses leçons et de son inspiration. En septembre, Sa Sainteté inaugura à Kuttolsheim le nouveau bâtiment de Sakya Tsechen Ling, devenu depuis l'Institut Européen de Bouddhisme Tibétain. Elle y enseigna ainsi qu'à Strasbourg.

A la suite de ma visite à Hambourg en 1979 s'est constitué un groupe appelé Déchen Cheuling. Ardents à l'étude et à la méditation, ces élèves me remplissent de joie.

Le centre bouddhique d'Uppsala, en Suède, a reçu en 1980 le nom de Jangchoub Cheuling. Ma relation avec ce groupe composé de personnes remarquables est particulièrement harmonieuse. De plus, la beauté naturelle de ce pays me ravit. 1980 a également vu la venue en Suisse de Sa Sainteté Jigdal Dagchen Rinpoché qui réside habituellement aux Etats-Unis. Un mois durant, plusieurs centres parmi lesquels celui de Kuttolsheim ont profité de ses précieux enseignements.

Le 19 novembre 1982 nous avons invité Sa Sainteté le Dalaï Lama, à l'occasion de sa première visite en France, à Sakya Tsechen Ling (Kuttolsheim) où Elle demeura deux nuits. A Strasbourg, Sa Sainteté conféra aux Occidentaux et aux Tibétains l'initiation du Bouddha Avalokiteshvara puis dispensa un grand enseignement sur le *Zenpa Zidel*. Elle donna aussi de nombreux conseils à l'occasion d'entretiens privés. J'ai eu la bonne fortune de participer à ces événements d'une grande portée pour les êtres.

Sur mon invitation et celle de plusieurs centres bouddhistes, Sa Sainteté Sakya Trizin revint pour la troisième fois en Europe au cours de l'été et de l'automne 1984. Elle accepta d'enseigner le *Lam Dré*. Celui-ci renferme les inestimables instructions de Virupa (ou Birwapa : un autre nom de Virupa) transmises jusqu'à Elle-même par une succession ininterrompue de Gourous. La transmission complète des deux parties de ce cycle est un événement fort rare (la première partie s'intitule *La Triple Vision*, et la seconde, *Les Trois Tantra*. Cette dernière comporte la très importante initiation d'Hevajra qui compte deux jours de cérémonies). Le *Lam Dré*, donné plusieurs fois en Inde, l'a été pour la première fois en Europe à cette occasion. Sa Sainteté consacra un mois entier, du 13 août au 13 septembre, à l'enseigner à Kuttolsheim en France puis se rendit dans cinq autres pays d'Europe A Rikon notamment, beaucoup eurent la chance de recevoir instructions, initiations et bénédictions de Sa Sainteté.

En 1986, année du Tigre de Feu, je fis un voyage en Asie et pus me rendre au Tibet où je fus très heureux de revoir ma famille et mon monastère dans lequel nous effectuâmes ensemble des cérémonies.

Le 14 juin 1988, année du Dragon de Terre, Sa Sainteté le XIVème Dalaï Lama fit une courte visite à Strasbourg sur l'invitation de parlementaires européens. Au parlement Elle développa les cinq points de son plan de Paix pour le Tibet qu'Elle avait annoncé aux Etats-Unis le 21 septembre 1987. A cette occasion, Elle vint avec ses ministres résider quelques jours à Sakya Tsechen Ling et y apporta Ses bénédictions. Elle y donna un enseignement sur le thème de la Tara Verte, déité protectrice de l'Institut.

Sur l'invitation de Sa Sainteté le XIVème Dalaï Lama, je me rendis en décembre 1988, à Sarnath, en Inde, pour assister à une rencontre avec tous les grands Lamas de chaque tradition. Y furent débattus la religion Bouddhiste, le *Dharma* et la culture tibétaine ainsi que leurs diffusions à travers le monde.

En avril 1989 Sa Sainteté Sakya Trizin fit de nouveau une visite en Europe et conféra les enseignements des *Treize Dharma d'Or* complétés par de nombreux commentaires à Sakya Tsechen Ling qui célébrait son 10ème anniversaire. Reçue par les autorités de la municipalité de Strasbourg, Elle contribua à consolider ainsi les liens entre les deux communautés.

Enfin, en juin 1989, Sa Sainteté le XIVème Dalaï Lama me fit la joie de me recevoir ainsi qu'une délégation de Sakya Tsechen Ling, lors de sa troisième visite à Strasbourg.

Ceci conclut le bref récit de ma vie, de mon éducation et de la manière dont le saint *Dharma* se transmet en Europe.

Puissent tous les êtres vivre dans la paix et la joie. Puissent-ils développer amour et compassion les uns envers les autres. Puissent-ils tous être rafraîchis par les vagues d'inspiration des Bouddhas.

Je dédie ces pages à toutes les personnes qui désirent développer l'aspiration altruiste et s'engager dans le *Mahayana*.

(tib. : chorten)

ANNEXES

Liste
des centres Sakya dans le monde

Index sanscrit
des noms de personnes, déités, protecteurs

Index tibétain
des noms de personnes, déités, protecteurs

Index
des noms de lieux, temples et monastères

Index
des ouvrages cités

Glossaire

Conseils bibliographiques
complétant l'index des ouvrages cités

Liste des centres Sakya dans le monde

Amérique

Canada

SAKYA BODHIDHARMA SOCIETY
Jeff Watt
7011 Marguerite Street
Vancouver B.C. V7C 4N5

SAKYA THUBTEN KUNGA CHÖLING
Ven. Geshe Tashi Namgyal
1149 Leonard Street
Vancouver B.C.

Etats-Unis

DROGON SAKYA
7284 Fountain Avenue
West Hollywood
California 90046

JETSUN SAKYA CENTRE
Ven. Dezhung Tulku
623 West 125th Street
New York

NGOR EWAM CHODEN
Ven. Lama Kunga
254 Cambridge Avenue
Kensington
California

SAKYA CENTRE
5 Upland Road
Cambridge
Massachussetts 02138

SAKYA TEGCHEN CHÖLING
H.H. Jigdral Dagchen Sakya
   Rinpoche
Centre for the Study of Vajrayana
   Buddhism and Tibetan Culture
4416 Burke Avenue North
Seattle
Washington 98103

SAKYA THUBTEN DARGYE LING
1615 Bruce Avenue
Roseville
Minnesota 55113

Asie

Inde

GURU SAKYA MONASTERY
Ven. Sakya Khanchen Sangye
   Tenzin
Ghoom Monastery Road
P.O. Ghoom Dist. Darjeeling
West Bengal

NGOR EWAM INSTITUTE
P.O. Bir Dist. Kangra
Himachal Pradesh

NGOR LUDING KHANPO
Matho Gonpa P.O. Matho
Leh Ladakh
Jammu and Kashmir

NGOR SAKYA MONASTERY
Gangtok Sikkim

PAL EWAM CHODEN
P.O. Manduwala
Via Prem Nagar
Dehra Dun
Uttar Pradesh

SAKYA BUDDHIST GONPA
Village Rangri
P.O. Manali Dist. Kulu
Himachal Pradesh

SAKYA CENTRE
187 Rajpur Road
P.O. Rajpur Dist. Dehra Dun
Uttar Pradesh

SAKYA COLLEGE
Mussoorie Road
P.O. Rajpur Dist. Dehra Dun
Uttar Pradesh

SAKYA DAMCHÖLING
Village N° 1
Tibetan Colony
P.O. Mundgog 581411
Dist. Uttar Kannara
Karnataka

LISTE DES CENTRES SAKYA DANS LE MONDE

SAKYA LAMAS SCHOOL
Ven. Gyalsay Tulku
P.O. Bir Dist. Kangra
Himachal Pradesh

SAKYA MONASTERY
P.O. Bogh Gaya
Bihar

SAKYA MONASTERY
Tibetan Refugee Camp N° 1
P.O. Bylakuppe Dist. Mysore
Karnataka

SAKYA STUDENT UNION
Tibetan Institute
Sarnath Varanasi
Uttar Pradesh

SAKYA THUBTEN NAMGYAL LING
Puruwala
P.O. Gurkhuwala Dist. Sirmur
Himachal Pradesh

TSECHEN DO NGAG CHÖLING
Tibetan Settlement, Lama Camp N° 2
P.O. Tibetan Colony Dist. North Kanara
Karnataka

TSECHEN SAMDRUP LING
T.R.I. Society Gonpa
P.O. Kamrao Dist. Sirmur
Himachal Pradesh

Indonésie

VAJRA DHATU
c/o Drs. Aggi Tjetje
Gabungan Tridharma
Jalan-Lautze A N3 LTIII
Jakarta

Malaisie

SAKYA CENTRE
c/o E.A. Kwei
8 Talang Garden Jalan Taiping
Kuala Kangsar Perak

SAKYA CHANGCHUP LING
c/o Michael Khoo
P.O. Box 38 Bintulu
Sarawak

SAKYA CHÖPEL LING
c/o Joseph K.H. Ling
Malayan United Bank Berhad
42 Pending Road
Huching Sarawak

SAKYA GELEK RABTEN LING
Province Wellesely
Bukit Martajam Penang

SAKYA KUNGA CHÖLING
14 Jalan Telok Panglima
Garang BT 23/4 Jalang Kelang
Kuala Lumpur

SAKYA KUNGA DELEK LING
44 Jalan Potter
Ipoh Garden Ipoh

SAKYA SAMDRUP LING
c/o Wee Ming Kia
24 Khoo Peng Loong Road
Sibu Sarawak

SAKYA TENGAY LING
c/o Major Ooi Eng Huat
191 Taman Mutiara
Sungai Petani Kedah

SAKYA TEGCHEN CHÖLING
Bagan Serai

SAKYA TSECHEN SAMPHEL LING
c/o Khor Lai Huat
491 Jalan Chong Sun
Pokok Assam Taiping Perak

Népal

DHARMA SWAMI BUDDHA VIHAR
P.O. Lumbini Dist. Rupendehi
Lumbini Zone 4505

NALANDA MONASTERY
Bodhnath
Kathmandu

NEW BUDDHA MANDIR
Ven. Chogye Tri Rinpoche
P.O. Lumbini Ex. Bhairhawa
4540

THARLAM MONASTERY
Bodhnath
Kathmandu

TSECHEN SHEDRUP LING
Ven. Tharig Tulku
Bodhnath
Kathmandu

Singapour

SAKYA TENPHEL LING
9 Topaz Road
1232 S

Europe

France

EWAM PHENDE LING
Ven. Lama Phende Rinpoche
Les Ventes
27930 Evreux

NGOR EWAM KUNZANG LING
8, Cour Saint-Pierre
75017 Paris

SAKYA TSECHEN LING
Ven. Lama Shérab Gyaltsen Amipa
Institut Européen de Bouddhisme
  Tibétain
5, rond-Point du Vignoble
67520 Kuttolsheim

SAKYA TASHI CHÖLING
14, rue de l'Ancien Champ de
  Mars
38000 Grenoble

Grande-Bretagne

SAKYA THINLEY NAMGYAL LING
9 Fairfield Close, Bovey Tracey
Newton Abbot TQ13 9BH

THINLEY RINCHEN LING
13 Clifton Vale, Clifton
Bristol BS8 4PT

Pays-Bas

SAKYA TEGCHEN CHÖLING
Ven. Lama Sherab Gyaltsen Amipa
Van Bleiswijkstraat 107
Den Haag 2013

République Fédérale d'Allemagne

DECHEN CHÖLING
c/o Dr Von Rauchhaupt
2071 Siek Hintern Dorf

YESHE CHÖLING
c/o Mrs. Ute Voigt
Auwaldstrasse 22
7800 Freiburg

Suède

SAKYA CHANGCHUP CHÖLING
c/o Jorg Fitz
Björkhult
74030 Björblinge

Suisse

THUBTEN CHANGCHUP LING
c/o Mrs. Mimma Giussani
Via Ruvigliana II
6962 Viganello-Lugano

TIBETAN INSTITUTE
Ven. Lama Sherab Gyaltsen Amipa
CH 8486 Rikon

Index sanscrit des noms de personnes, déités et protecteurs

(les noms figurant dans les appendices ne sont pas repris)

Amitabha (Lumière Infinie)	144
Aryadeva	40
Atisha	8, 41, 44, 48, 147 148 149, 154
Avadhutipa	108, 142
Avalokiteshvara	14, 109, 154
Birwapa (voir Virupa)	
Chakrasamvara	109
Chandrakirti	41, 162
Damarupa	108, 142
Gayadhara	108, 142, 149
Guhyasamaja	109
Hevajra	154, 163, 164, 174
Mahavairochana	109
Maitreya	40, 78, 107, 160
Manjushri	8, 14, 15, 39, 41, 42, 109, 112, 145, 147, 149, 150, 153, 154, 159, 162 à 165
Manjushri Arapaca	109
Nagarjuna	40, 102
Nairatmya	142
Padmasambhava	15
Samantabhadra	113, 134
Sarvavidya	109
Shakyamouni	61, 62, 93, 97, 157, 162, 166, 171
Shantarakshita	15
Shantideva	40, 78, 79, 160
Vairochana	87, 102, 158, 165, 166
Vajradhara	99, 108, 120, 141, 142, 145, 164, 165
Vajranairatmya	108
Vajrapani	109, 140, 147, 149, 154, 165
Vajrasattva	8, 97, 123, 126, 137 à 140, 166
Virupa	98, 108, 164, 174

Index tibétain des noms de personnes, déités et protecteurs

(les noms figurant dans les appendices ne sont pas repris)

Chenngawa (*sPyan snga ba*) 42
Cheujéwa (voir Sakya Pandita)
Cheunou Gyelchog (*gZhon nu rgyal mchog*) 42
Dalaï Lama, XIVème (Tenzin Gyatso
  bsTan 'dzin rgya mtsho) .... 166, 168 à 172, 174
Déchoung Tulkou Kunga Tenpey Nyima (*sprul
  sku kun dga' bstan pa'i nyi ma*) 144
Dragpa Gyaltsen (*Grags pa rgyal mtshan*) 108, 142, 149
Dragpa Lodeu (*Grags pa blo gros*) 109
Drogmi Lotsawa (*'Brog mi lo tsa ba
  shakya ye shes*) 108, 148, 149
Drogmi Shakya Yéshé (voir Drogmi Lotsawa)
Dromteunpa (*'Brom ston pa*) 42
Gateun Vajradhara Ngawang Legpa Rinpoché
  (voir Ngawang Legpa)
Gyeltsé Cheuzong 42
Jampel Zangpo (*'Jam dpal bzang po*) 109, 157
Keunchog Lundroub (*dKon mchog lhun grub*) 109
Keunchog Pel (*dKon mchog dpal*) 108, 109
Khenchen (Bodhisattva) (*mKhan chen*) 15
Kyoungpo Naljor (*Khyung po rnal 'byor*) 112
Kunga Gyatso (*Kun dga' rgya mtsho*) 109
Kunga Gyaltsen (voir aussi Sakya Pandita) 14, 109
Kunga Nyingpo (*Kun dga' snying po*) 109
Kunga Rinchen (*Kun dga' rin chen*) 109
Kunga Seunam (*Kun dga' bsod nams*) 109
Kunga Tachi (*Kun dga' bkra shis*) 109
Kunga Wangchouk (*Kun dga' dbang phyug*) 109
Kunkyen Gorampa Seunam Sengué (*Kun mkhyen
  go ram pa bsod nams seng ge*) 160
Mouchen Sempa Chenpo (*Mu chen sems dpa' chen po*) .. 109

INDEX

Ngawang Chenpen Nyingpo (*Nga dbang gzhan phan snying po*) 109
Ngawang Legpa (*Nga dbang legs pa*) 119, 124, 144
Pelden Tsultim (*dPal ldan tshul khrims*) 108
Péma Dudul Wangchouk (*Pad ma bdud' dul dbang phyug*) 109
Potowa (*Po to ba*) 42
Poutchoungwa (*Phu chung ba*) 42
Ralo Dorjé (*Ra lo rdo rje*) 54
Sachen Kunga Nyingpo (*Sa chen Kun dga' snying po*) 41, 42, 108, 149, 162
Sakya Pandita 8, 28, 78, 80, 92, 108, 112, 133, 142, 144, 149, 159, 162, 163
Sakya Trizin, 41ème (*Sa skya khri' dzin*) .... 5, 9, 10, 142, 144, 150, 166 à 169, 171 à 174
Sa Lotsawa Jampey Dorjé (*Sa lo tsa ba' jam pa'i rdo rje*) .. 109
Sangteun Cheubar (*gSang ston chos' bar*) 108, 142
Sangyé Gyaltsen (*Sangs rgyas rgyal mtshan*) 109
Sangyé Rinchen (*Sangs rgyas rin chen*) 109, 159
Serlingpa (*gSer gling pa*) 6, 41, 42, 45, 48
Séteun Kunrig (*Se ston kun rig*) 108, 142
Seunam Gyaltsen (*bSod nams rgyal mtshan*) 108, 149
Seunam Pel (*bSod nams' phel*) 108
Seunam Rinchen (*bSod nams rin chen*) 109
Seunam Sengué (*bSod nams seng ge*) 53, 54, 109, 162, 163
Seunam Tsémo (*bSod nams rtse mo*) 108, 142, 149
Seunam Wangchouk (*bSod nams dbang phyug*) 109
Seunam Wangpo (*bSod nams dbang po*) 109
Songtsen Gampo (*Srong btsan sgam po*) 15
Tachi Rinchen (*bKra shis rin chen*) 109
Teunmi Sambota (*Thon mi sambhota*) 15
Thori Nyentsen (*Tho ri gnyan btsan*) 14
Ti Ralpachen (*Khri ral pa can*) 15
Tisong Détsen (*Khri srong lde btsan*) 15

Index des noms de lieux, temples et monastères
(les noms figurant dans les appendices ne sont pas repris)

Apara camara 125
Apara godaniya 125, 128, 133
Camara 125
Deha 125
Dehra Dun 10, 150
Europe 13, 169, 170, 173, 174
Inde .... 10, 148, 150, 154 à 156, 166 à 169, 171, 174
Jambudvipa 125, 128, 133
Kaurava 125
Kurava 125
Meru 122, 124, 125, 127, 131, 133, 134
Purva videha 125, 128, 133
Samyé 15
Satha 125
Suisse .... 13, 169 à 174
Sumeru 133
Uttarakuru 87, 90, 95
Uttara mantrina 125
Uttar Pradesh 10
Videha 125

Index des ouvrages cités

Abhidharmakosa (Le Trésor de Métaphysique),
Vasubandhu 79, 102, 159

Abhisamayalamkara (L'Ornement de la Claire Réalisation),
Maitreya 42

Bardo Teudeul 165

Bhavanakrama (Les Etapes de la Méditation),
Kamalashila 78

Bodhisattvacaryavatara (L'Engagement dans les Pratiques du Bodhisattva),
Shantideva 79, 160, 173

Clarification du Trésor de Raisonnement,
Dinnaga ?? 159

Compendium de Métaphysique
Penchen Ngawang Cheudrag ... 162

Excellente Voie des Deux Collections,
Déchoung Tulkou Kunga Tenpey Nyima 144

Historical Facts on the Religion of the Sakyapa (Histoire et Doctrine de la Tradition Sakyapa),
Vén. Lama Shérab Gyaltsen Amipa .. 174

Lam-Dré (Le Sentier et ses Fruits : La Triple Vision de Virupa),
Kheun Kheunchog Gyelpo 78, 142, 160, 173, 174

Lettre à un Ami,
Nagarjuna 98

Madhyamika (Philosophie de la Voie du Milieu),
Nagarjuna 159, 162

Madhyamikavatara (L'Entrée au Milieu),
Chandrakirti 162

Madhyantavibhanga (La Discrimination entre le Milieu et les Extrêmes),
Maitreya 78

Mahayanasutralamkara (L'Ornement des Soutras du Mahayana),
Maitreya 78

Mahayanottaratantra (Le Suprême Tantra du Mahayana),
Maitreya 103

Prajñaparamita Sutra (La Perfection de Sagesse) 42, 79, 163

Pramanasamuccaya (Le Compendium de Connaissance Valide),
Dinnaga 159

Pratimoksha Sutra (Le Soutra de Libération Individuelle),
Gunaprabha 163

Rajaparikhataratnavali (La Précieuse Guirlande de Conseils au Roi),
Nagarjuna 42

Sept Traités sur la Connaissance Valide,
Dharmakirti 159

Siksasamuccaya (Le Compendium des Entraînements),
Shantideva 80

Sutralamkara (L'Ornement des Soutras Mahayanistes),
Maitreya 42

Textbook for Colloquial Tibetan (Manuel de Langue Tibétaine Parlée),
Vén. Lama Shérab Gyaltsen Amipa .. 172

Treize Dharma d'Or,
Texte Sakyapa 164, 169

Trésor aux Souhaits d'Excellents Préceptes (Elegant Sayings),
Sakya Pandita 158

Trésor de Métaphysique,
Gorampa Seunam Sengué 162

Trisaranasaptati (Les Soixante-dix Refuges),
Chandrakirti 102

Trois Tantra
(tib. : rgyad-gsum) 160, 174

Vinaya Sutra (Soutra sur la Discipline),
Gunaprabha 159, 163

Zenpa-Zidel (L'Abandon des Quatre Attachements)
Texte Sakyapa 149, 150, 174

Glossaire

Abhidharma   la partie du canon bouddhique qui traite de la métaphysique.

Arhat   (destructeur de l'ennemi) un être libéré de la souffrance du *samsara*.

Arya   un être supérieur ayant atteint la compréhension directe de la véritable nature de la réalité.

Asura   un demi-dieu.

Atisha   (Dipankara-Shrijñana) le grand pandit indien venu au Tibet aux alentours de 1040 après J.C. pour aider à la restauration, la purification et la revitalisation du Bouddhisme tibétain. Il est l'auteur de beaucoup d'ouvrages dont *"La Lumière du Chemin"* qui condense les quatre-vingt quatre mille enseignements du Bouddha en un chemin graduel vers l'éveil appelé *lam rim*. Il fonda l'école Kadampa à l'origine de la tradition des Gelugpa.

Avalokiteshvara   (tib. : Chenrézig) le bodhisattva de la compassion infinie.

Bardo   état intermédiaire entre la mort et la renaissance.

Bardo Thodeul   une série d'instructions composée à l'origine par Padmasambhava pour expliquer les projections mentales vécues au cours du *bardo*. On le lit traditionnellement au chevet du mourant ou du mort et cette transmission permet, par l'écoute, d'éveiller l'esprit du pratiquant entraîné.

Bodhicitta   l'esprit d'éveil. Il y a deux types de *bodhicitta*, le relatif et l'absolu. Le relatif se scinde en *bodhicitta* d'aspiration et *bodhicitta* d'engagement. Le premier se rapporte au souhait de libérer tous les êtres sensibles des souffrances du *samsara*, le second constitue l'entrée effective dans la pratique du chemin des bodhisattvas. Le *bodhicitta* ultime désigne la vérité absolue qui transcende tous les extrêmes créés par le mental, tels l'existence et la non-existence, l'être et le non-être et ainsi de suite. C'est le *bodhicitta* de tous les Bouddhas.

Bodhisattva   un être qui à travers son développement intérieur sur la voie atteint progressivement les dix *bhumi* avant de réaliser l'état de Bouddha. Si les relations karmiques avec les êtres vivants sont favorables, les bodhisattvas peuvent de leur plein gré réintégrer le cycle du *samsara* afin d'aider et de soutenir ces êtres et les mener à la longue à l'état de l'éveil parfait.

Bouddha celui qui a atteint l'éveil parfait, ayant abandonné tous les obscurcissements et obtenu toutes les qualités de la sagesse, du pouvoir et de la compassion.

Bouddhas de confession (les 35) chacun de ces 35 Bouddhas possède le pouvoir d'éliminer les actions négatives et les obstacles à la pratique du *Dharma*. La récitation du *Soutra des Trois Amoncellements,* la prière de confession devant les 35 Bouddhas, est une méthode particulièrement efficace pour se purifier de tout manquement aux vœux ; elle est habituellement accompagnée de prosternations.

Buddhadharma la doctrine enseignée par le Bouddha. Celle-ci conduit à la libération de la souffrance et au but final qui est l'éveil parfait.

Dakini émanation de Bouddha ou de bodhisattva sous forme féminine. Il existe différents niveaux de *dakini*.

Deva un dieu : l'une des six destinées du *samsara*.

Dharma en général, ce terme désigne tout l'enseignement du Bouddha, mais il peut aussi se référer à la loi suprême gouvernant la génèse, la continuité et la disparition des phénomènes. Dans les textes tibétains, les phénomènes s'appellent généralement *"dharma"*. Par la pratique de la méditation, le *Dharma* est vécu comme vérité ultime.

Dharmadhatu sphère ultime de la réalité, à la fois vide et comprenant tout, là où s'élèvent, se prolongent et disparaissent les phénomènes.

Dharmakaya corps de vérité du Bouddha, l'esprit omniscient de celui qui a atteint l'éveil parfait.

Dharmapala protecteur du *Dharma*. Il a comme fonction de préserver l'intégrité de la pratique dharmique du disciple contre toutes les interférences extérieures ou intérieures.

Du-dha principes de la logique bouddhiste.

***Géshé* (terme tibétain se prononce guéshé)** titre doctoral conféré à ceux qui ont complété de longues études et réussi aux examens des collèges monastiques.

Gourou (*guru*) guide spirituel ; littéralement le terme désigne celui qui est "lourd" d'accomplissements spirituels et qui s'est qualifié par là pour enseigner aux autres.

Gourou racine le gourou principal dont on a reçu des enseignements dans la vie actuelle.

Guruyoga (Yoga du Gourou) la méditation et les pratiques spirituelles de la dévotion au Gourou.

Hevajra une divinité demi-courroucée de forme masculine.

Hinayana un des trois véhicules menant à la libération ; le *Hinayana* est le chemin des *shravaka* et des *pratyekabuddha*. On l'appelle *Hinayana* (c'est-à-dire petit véhicule) car il ne développe pas la force de la compassion universelle, condition de l'éveil parfait.

Jambu (l'arbre de) il s'agit d'un arbre à remplir les souhaits. Les *deva* jouissent de ses fruits.

Kalpa une mesure du temps utilisée dans la métaphysique bouddhique désignant "une durée infiniment longue".

Khenchen Bodhisattva (Shi-wa-tso ; sct. : Upadhyaya Shantarakshita). Invité par le roi Tisong Détsen à se rendre au Tibet, il contribua à y poser les fondements du *Dharma*.

Kangyour la traduction tibétaine de tous les enseignements du Bouddha, contenue dans 108 volumes. Cette collection comprend les ouvrages de *Vinaya* (règles morales), les Soutras (enseignements du Bouddha), l'*Abhidharma* (métaphysique) et les *Tantra* (instructions concernant les rites et la méditation).

Karma la loi des causes et des effets. Comme le dit le Bouddha lui-même : "O moines, je vous dis que le *karma* consiste en des actes prémédités réalisés intentionnellement. Ils constituent les racines de la joie ou de la souffrance. Ils sont aussi la cause de la renaissance dans le cycle de l'existence (*samsara*)".

Kaya corps du Bouddha. Il y a 4 corps du Bouddha : le *nirmanakaya*, le *sambhogakaya*, le *jñanadharmakaya* et le *svabhavikakaya*. Ces deux derniers peuvent se confondre sous une même désignation : le *dharmakaya*.

Lama voir Gourou

Lam Dré le chemin et ses fruits ; l'enseignement principal dans la tradition Sakya.

Loka les six royaumes de l'existence : ceux des *deva*, des *asura*, des humains, des animaux, des *preta* et des habitants des enfers.

Lopeun le maître d'un monastère.

Madhyamika l'école philosophique de la "voie du milieu" fondée par le pandit Nagarjuna ; elle met l'accent sur la bonne compréhension de *shunyata* et sur le développement de la sagesse.

Mahakala une divinité courroucée, protecteur du *Dharma* ; émanation de Chenrézig. Le premier Gourou de la lignée de Mahakala était un indien appelé Brahma Vararuci. Sur son lit de mort, il envoya sa divinité protectrice à Sachen Kunga Nyingpo qui résidait au lieu saint de Sakya. Depuis ce temps là, Mahakala a été le *dharmapala* des enseignements Sakya.

GLOSSAIRE

Mahayana le "grand véhicule". C'est le chemin des bodhisattvas qui, par leur grande compassion, essaient d'atteindre le plein éveil afin d'amener tous les êtres sensibles au même état. On l'appelle aussi parfois le *Paramitayana*.

Maitreya le Bouddha à venir.

Mandala se définit selon trois catégories : extérieur, intérieur et de sagesse. Le *mandala* extérieur se réfère à une forme qui symbolise l'univers tout entier. Les autres catégories doivent être étudiées à travers des enseignements.

Manjushri le bodhisattva de la sagesse omniprésente.

Mantra un arrangement de sons, de syllabes ou de phrases, généralement dérivés du sanscrit et associés à différentes émanations des Bouddhas. Doués de pouvoirs particuliers, les *mantra* sont utilisés au cours de certaines pratiques de méditation.

Mo une prophétie ou un moyen de divination.

Mont Sumeru (ou Mont Meru) la grande montagne située au centre de tout système d'univers.

Nadi canaux psychiques où passent les courants vitaux du corps.

Nirmanakaya (tib. : tulkou) corps d'émanation du Bouddha, c'est-à-dire la forme sous laquelle le Bouddha apparaît au monde.

Nirvana le but ultime de la pratique dharmique. Dans le *Hinayana,* il s'agit de la libération du *samsara,* dans le *Mahayana,* c'est la joie de l'éveil parfait.

Padmasambhava (Gourou Rinpoché) le grand saint indien qui se rendit au Tibet au 8ème siècle à l'invitation du roi Tisong Détsen pour y répandre les enseignements du Bouddha.

Pandita un érudit très savant. En général, on désigne ainsi ceux qui ont acquis la maîtrise des 5 disciplines majeures de la science indienne ; c'est-à-dire la médecine, la linguistique, le *Dharma,* la dialectique et la philosophie religieuse.

Paramita les six *paramita* (perfections) constituent le cadre de la pratique spirituelle du bodhisattva. Il s'agit du don, de la moralité, de la patience, de la diligence, de la méditation et de la sagesse.

Pramana la cognition idéale c'est-à-dire la perception neuve et sans tromperie.

Pratimoksha la libération individuelle en liaison avec les sept catégories de vœux (monastiques et laïques).

Pratyekabuddha celui qui suit le chemin du *Hinayana* et qui atteint la Bouddhéité par cette voie.

Preta un esprit affamé.

Puja une cérémonie d'offrande ; généralement un acte de dévotion religieuse.

Rabjampa titre de ceux qui ont complété leurs études avec succès dans la tradition monastique Sakya.

Rupakaya les corps de forme du Bouddha.

Sadhana une pratique de méditation particulière où le développement de la méditation est prévu dans le détail.

Shamatha pratique méditative de base utilisée pour calmer l'esprit avant de s'engager dans la méditation de *vipashyana* (vision pénétrante).

Samantabhadra un bodhisattva célèbre par sa générosité et ses nombreux dons.

Sambhogakaya le corps de jouissance d'un Bouddha, l'aspect sous lequel le Bouddha se manifeste aux *arya* bodhisattvas.

Samsara le cycle ininterrompu de l'existence.

Samgha le *Samgha* absolu désigne l'assemblée des *arya* ; le *Samgha* relatif désigne ceux qui ont pris des vœux religieux, en particulier les moines et les nonnes.

Shakyamouni parmi les mille Bouddhas qui doivent apparaître pendant ces temps bienheureux, le Bouddha et Gourou Shakyamouni est celui de notre ère actuelle.

Siddha celui qui possède des *siddhi*.

Siddhi accomplissement ou pouvoir surnaturel acquis grâce à la méditation.

Shravaka celui qui en suivant le chemin du *Hinayana* obtient la libération par l'écoute des enseignements.

Sukhavati la terre bouddhique paisible sur laquelle règne le Bouddha Amitabha.

Shunyata la vérité ultime, la négation de la nature indépendante des phénomènes. *Shunyata* est souvent compris à tort comme étant simplement vide (ou vacuité). Ce n'est pas cependant le vide en lui-même mais plutôt la nature non-existente en soi de "l'égo" et de tous les phénomènes.

Soutra un enseignement du Bouddha.

Svabhavikakaya le corps naturel d'un Bouddha, la nature vide de l'esprit omniscient d'un Bouddha.

Tangyour des commentaires du *Kangyour*, comprenant 225 volumes écrits par les pandits indiens.

Tantrayana voir *Vajrayana*.

Tara l'incarnation sous forme féminine de la compassion de tous les Bouddhas. Elle apparaît sous beaucoup d'aspects, mais principalement sous les formes verte ou blanche. Les Tibétains ont l'habitude de réciter des prières à Tara pour obtenir le succès de toutes leurs entreprises.

Tathagata l'épithète d'un Bouddha. Cela signifie "celui qui est allé au-delà" ou bien "celui qui possède pleinement toutes les qualités".

Trois impuretés (les) l'amour de soi, l'aversion envers les autres et l'ignorance de la vraie nature des choses.

Trois Joyaux (les) le Bouddha, le *Dharma* et le *Samgha*.

Tonglen "prendre et donner" c'est-à-dire le fait de prendre sur soi la souffrance et les non-vertus des autres et de leur donner en échange ses propres vertus et son bonheur. C'est la méthode suprême de développement de l'esprit de *bodhicitta*.

Tripitaka les trois corbeilles des enseignements du Bouddha : le *Vinaya* (discipline morale), les Soutras (sermons) et l'*Abhidharma* (métaphysique).

Tulkou la réincarnation d'un être déjà éveillé.

Vainqueur (le) épithète du Bouddha.

Vajra un objet rituel tantrique qui symbolise l'indestructibilité.

Vajradhara (tib. : Dorjé Chang) l'aspect du Bouddha lorsqu'il enseigna les *tantra*.

Vajrapani le bodhisattva qui incarne le pouvoir de tous les Bouddhas.

Vajrasattva un aspect de l'esprit éveillé du Bouddha lié à la purification. Réciter le *mantra* de Vajrasattva est particulièrement efficace pour purifier les *karma* négatifs.

Vajrayana le véhicule le plus rapide vers l'éveil. C'est le chemin qui permet au disciple fidèle d'atteindre la bouddhéité en une seule vie à condition d'être guidé par un enseignant qualifié et d'avoir atteint un niveau de maturité spirituelle suffisant.

Vajra Yogini une divinité féminine mi-courroucée.

Vipashyana la méditation de la vision pénétrante qui permet de percevoir la nature de la réalité.

Yana véhicule ou chemin menant à la libération et à l'éveil. Il y en a trois : *Hinayana, Mahayana* et *Tantrayana* (ou *Vajrayana*).

Yidam la divinité principale autour de laquelle le pratiquant centre sa pratique.

Yoga des techniques physiques et mentales pour développer et purifier l'esprit.

Yogin/Yogini homme ou femme pratiquant le yoga.

Conseils bibliographiques
complétant l'index des ouvrages cités

Amipa,Vénérable Géshé Lama Shérab Gyaltsen, *Histoire et Doctrines de la Tradition Sakyapa : une goutte d'eau du splendide océan*, traduction française Georges Driessens, Dervy-Livres, 1987.

Chandrakirti, *L'Entrée au Milieu, Philosophie Bouddhique de la Vacuité*, traduction française Georges Driessens, Editions Dharma, 1990.

Dalaï Lama, Sa Sainteté le XIVème, *Introduction au Bouddhisme Tibétain*, traduit de l'anglais par Jean Herbert, Dervy-Livres, 1989.

Dalaï Lama, Sa Sainteté le XIVème, *L'Enseignement du Dalaï Lama*, traduit du tibétain par Gonsar Tulku, G. Dreyfus et A. Ansermet, Albin Michel, 1976.

Dalaï Lama, Sa Sainteté le XIVème, *Le Zenpa Zidel*, Enseignement public, Sakya Tsechen Ling, 1982.

Dalaï Lama, Sa Sainteté le XIVème, *Méditation sur l'Esprit*, Dervy-Livres, 1989.

Djé Tsongkhapa, *L'Ode aux Réalisations*, traduit du tibétain par Dagpo Rinpoché, Arkhana Vox, 1990.

Kensur Lekden, *Méditations et Pratique de la Vacuité*, traduction française G. Driessens - V. Paulence - M. Zaregradsky, Editions Dharma, 1979.

Nagarjuna, *La Lettre à un Ami*, par le Vénérable Géshé Ngawang Khyenrab et Georges Driessens, Editions Dharma, 1981.

Ràbten, Vénérable Géshé, *Enseignement Oral du Bouddhisme au Tibet*, recueilli par M.T. Paulauski, Librairie d'Amérique et d'Orient, 1979.

Achevé d'imprimer en mai 1991 sur presse CAMERON,
dans les ateliers de la S.E.P.C. à Saint-Amand-Montrond (Cher)
Dépôt légal : mai 1991. N° d'impression : 1339.
Imprimé en France